CHOOSE YOUR WORDS
Communicating with Young Children
(2nd Edition)

让幼儿都爱听你说
——幼儿教师说话的艺术
(第二版)

[美] Carol Garhart Mooney 著

马希武 马燕 译

中国轻工业出版社

图书在版编目（CIP）数据

让幼儿都爱听你说：幼儿教师说话的艺术：第二版／（美）卡罗尔·哥哈特·穆尼（Carol Garhart Mooney）著；马希武，马燕译．—北京：中国轻工业出版社，2019.2（2024.2重印）

ISBN 978-7-5184-2096-4

Ⅰ.①让… Ⅱ.①卡… ②马… ③马… Ⅲ.①幼教人员－语言艺术 Ⅳ.①G615

中国版本图书馆CIP数据核字（2018）第209593号

版权声明

CHOOSE YOUR WORDS: Communicating with Young Children, 2nd Edition
by Carol Garhart Mooney
Copyright © 2005, 2018 by Carol Garhart Mooney
Published by arrangement with Redleaf Press c/o Nordlyset Literary Agency through Bardon-Chinese Media Agency
Simplified Chinese translation copyright © 2018
by China Light Industry Press Ltd. / Beijing Multi-Million New Era Culture and Media Company, Ltd.
ALL RIGHTS RESERVED

责任编辑：王慧超　　　　责任终审：杜文勇
策划编辑：高　君　　　　责任校对：刘志颖　　　　责任监印：吴维斌

出版发行：中国轻工业出版社（北京鲁谷东街5号，邮编：100040）
印　　刷：三河市鑫金马印装有限公司
经　　销：各地新华书店
版　　次：2024年2月第1版第6次印刷
开　　本：710×1000　1/16　印张：11.25
字　　数：88千字
书　　号：ISBN 978-7-5184-2096-4　定价：36.00元
读者热线：010-65181109
发行电话：010-85119832　　010-85119912
网　　址：http://www.chlip.com.cn　　http://www.wqedu.com
电子信箱：1012305542@qq.com
版权所有　侵权必究
如发现图书残缺请拨打读者热线联系调换

240081Y1C106ZYW

译 者 序

有一部名头很响的畅销书《男人来自火星，女人来自金星》，谈到了男人与女人在思维习惯和语言表达风格上存在的巨大差异。这种差异之大，简直如书名所做的比喻：如同来自两个星球的人。

摆在读者面前的这本书，也揭示了两类人群间的巨大差异，这种差异之巨大并不亚于男女之间的太阳系量级的差异。作为成人，我们想当然地认为儿童就是迷你版的我们，与我们操着同样的语言，只不过他们的简单一些而已。然而看似平淡无奇的表象下掩藏着意义重大的差异，成人与儿童至少在两方面存在重大差别——语言及语言背后的思维。成人与儿童间的这种差异，以及对差异的忽视，成为两类人交流时产生障碍甚至冲突的重要原因。

无论是幼儿的父母，还是幼教工作者，都有必要重视这种差异。我们都深爱着这些孩子，孩子们也深爱着我们；我们与这些孩子之间有着巨大的共同利益，那就是孩子们的幸福。彼此深爱而又利益高度一致的两群人，如果因为交流上的问题而萌生嫌隙、相互怨恨甚至相互伤害，岂不是太悲剧了？然而遗憾的是，我们的生活中似乎总不乏这样的悲情戏码，它们甚至被当成生活中"很正常"的一部分。悲剧不应该是正常的，该行动起来避免悲剧继续发生了！

除了在幼儿教育思想上可以给读者带来重要启迪外，本书还是一本在教育实践、实际操作中非常实用的书。译者作为幼儿教育师范专业的教师，每年都会带领学生到幼儿园见习、实习。尽管去的都是教学质量较高的幼儿园，还是会时常见到教师"管不住"的场面，尤其是刚刚入职不久的新手教师，实习教师就更不必说了。类似本书第三章中关于3个男孩在沙发上蹦蹦跳跳的案例屡见不鲜。幼儿教师极富爱心，非常尊重幼儿，但是她温柔的话语并不能有效地指导幼儿的行为，最终还是落得教师和幼儿不欢而散。相信大多数幼儿教师都曾经遭遇或见证过此类情形。那么问题出在哪里？仅仅是由于儿童顽皮吗？教师们应该如何应对呢？

本书从教师话语与幼儿学习的关系及其重要作用出发，针对教师在向幼儿提供指导与发出指令，指导和纠正幼儿的行为，培养幼儿的各种技能和概念，以及在交谈、讨论和讲故事等重要过程中可能会遇到的问题，通过丰富的案例，深入浅出地论证了教师话语清晰的重要性，并且提出了切实可行的指导原则和处理技巧。另外，在每一章的后面都附上了讨论话题，读者可以根据本书的理论，结合自己的工作经历来思考和解答这些问题，提高自己的工作能力。

成年人大多并不像语言学家那样去反思语言，往往把语言中的各种用法当作理所应当,不去想这些用法可能带来的困惑。比如,有时候,明明是想让孩子去吃饭,我们却说:"宝贝儿,我们去吃饭好吗?"就像本书第一章中的那位配班教师所犯的典型错误一样。如此委婉的表达方式,如果是用在成年人之间,我们自然会明白,这是一种礼貌的邀请,但是对于两三岁的孩子来说,这是一个问句,既可以选择肯定的回答"好",也可以选择否定的回答"不好"。如果孩子选择回答"不好",本来是语言的规则所允许的,父母却会不高兴,认为孩子不听话。以"提出问题"的形式表示"邀请"的实质意义,这是语言学所称的"语气隐喻"的一种,也就是"提问"发生了改变,担负起"邀请"的功能,是成人语言中的现象,儿童还没有掌握。然而作为成人的我们,由于长期使用成人的语言,已经习以为常,很容易忽略儿童对这些话语的理解方式。

在幼儿教育过程中,由于话语表述不清楚而造成的困扰俯拾皆是。这些困扰不仅让幼儿教师很苦恼,而且令幼儿的父母很头疼。因此,本书所提出的基本原则以及应对技巧,既适用于幼儿教师实施的幼儿园教育,也适用于幼儿父母开展的家庭教育,还可以让在校的学前教育专业的学生学习应对这些问题的方法,为适应未来的幼教工作做一定的准备。

当然,对于本书提出的一些原则,要注意全面、完整地理解,注意作者提出的这些原则的适用范围和条件。比如,作者反复提到"不要提问你已经知晓答案的问题"。其实,作者提到这条原则是有她的用意和适用条件的。她是在倡导一种理念。在社交方面，教师要为儿童示范真实的、诚恳的交际。比如，在同幼儿的聊天中，如果问他："你的上衣是什么颜色的？"这并不是在与他进行实际的交流，可能会让他感到困惑："老师，你不认识这种颜色吗？"在认知能力的培养方面，不要片面地重视对儿童的知识灌输，片面地关注"儿童知道什么"，而是应该培养儿童的探索精神和发现问题、解决问题的能力，与儿童一起去探索世界。但是，这条原则主要适用于同儿童的社交性交谈及探索性学习的指导中，以及对幼儿发出指令时。在施教过程中，如果想要了解幼儿的知识状况，教师提问自己已经知晓答案的问题又是必要的。

  现在摆在读者面前的这个版本，实际上是该书的第二版，第一版于2005年在美国出版。与第一版相比，第二版的内容更加充实和深入。新增内容体现了以下三个特点。

  一是体现了更强的时代性。面对进入21世纪以来新技术、新媒体的冲击，幼儿教育中的语言运用和幼儿的语言教育都面临着新的挑战。生活中出现了更多复杂的现象，儿童也深受影响。例如，电子影像充斥在生活的各个角落；电子设备的使用改变着人们的交流方式。谁也无法为这些新问题提供一蹴而就的答案，但本书作者敏锐地察觉到问题的端倪，并进行了有益的探索。

  二是实例更加丰富。第一版中已经有了不少生动具体的实例，作者这次又进行了补充，使该书的内容更加充实，实用性更强。

第三个特点与前面两点都有联系，作者对涉及的重要问题和实例做了更为深入、详细的阐述和剖析，从理论层面帮助读者更好地俯瞰问题、洞察实质，从操作层面示范解决问题的方法或提出建议。

本书作者卡罗尔·哥哈特·穆尼从事幼教工作四十余年，长期从事幼儿教师的教育与指导工作，曾担任美国新罕布什尔州幼儿教育协会主席。她还著有《幼教指南：五位世界教育大师的幼儿教育观》(*Theories of Childhood: An Introduction to Dewey, Montessori, Erikson, Piaget, and Vygotsky*)、《六位大师论幼儿的依恋》(*Theories of Attachment: An Introduction to Bowlby, Ainsworth, Gerber, Brazelton, Kennell, and Klaus*) 等著作，产生了广泛的影响。

本书由济南大学外国语学院马希武与山东女子学院教育学院马燕合作翻译。由于译者的水平所限，疏漏之处在所难免，望广大读者和同行专家批评指正。

最后，感谢万千教育的编辑高君老师的热心协调。同时，还要感谢我们的父母以及女儿祺祺。为了完成进度要求，我们的工作占用了很多本该与他们团聚的时间。感谢他们对我们的谅解和大力支持！

马希武　马燕
2018 年 7 月于济南

目　　录

译者序 ▶I

前　言 ▶1

　　新的时代，新的需求 // 5

　　对第一版的简单介绍 // 7

第一章　教师的话语与儿童的学习 ▶17

　　教师的不当话语 // 20

　　基本的指导原则 // 34

　　需要讨论的问题 // 38

第二章　提供指导与发出指令 ▶41

　　发出具体的指令 // 45

　　语言与问题解决 // 55

　　提问 // 59

　　需要讨论的问题 // 62

第三章　纠正行为 ▶65

　　接受权威 // 66

　　行为背后：四大因素 // 75

教师的话语与行为指导 // 93

使用清晰的语言 // 96

需要讨论的问题 // 101

第四章　培养技能和概念 ▶103

回应教室里的交谈 // 111

教授基本技能 // 117

提出问题 // 126

需要讨论的问题 // 135

第五章　交谈、讨论和讲故事 ▶137

创建交谈活动丰富的环境 // 137

在有意义的语境中运用话语 // 142

培养交谈技能 // 152

科技与交流 // 160

需要讨论的问题 // 163

参考文献 ▶165

前　言

　　十多年前，我为幼教工作者和保育人员撰写过一本小书，书名是《让幼儿都爱听你说——幼儿教师说话的艺术》。撰写这本书的目的是给幼儿教师做个简明的提示，让老师们留意和幼儿说话的方式。我早已阐述过这样的观点：儿童视我们为话语意义的制造者和运用者。现在我依然热切地相信这一事实。

　　然而，当时间来到2018年，我觉得这个问题不再是薄薄的一本小书所能涵盖的了。当初我在考察了多家幼教中心之后有感而发，一周之后便开始着手撰写本书第一版。在我去过的幼教中心里，老师们都在教室里说着："用话讲出来，用话讲出来，用话讲出来……"无论孩子哭泣的原因是由于无法完成自己的拼图，还是他想同朋友一起玩而遭到拒绝，或是别人踩塌了他搭建的积木，抑或是家长没有和他告别就悄然离开了，老师们总是在说这么一句话。面对儿童的喊叫、哭号或尖叫，老师们的回应似乎总是这个以不变应万变的说法："你这样我可没法帮你——用话讲出来。"令我印象很深的是曾有一个小女孩这么回答:"我用哪些话讲?"十年前在教学一线工作过的老师对这个习惯性说法一定记忆犹新。家长和老师们频繁地使用这个说法,到了过分的地步。这个说法本身并无不当,但老师们运用过于频繁或者使用方式不当,抑或二者皆有,都会产生问题。

大家可以通过一个典型的小故事来了解一下我所目睹的这类涉及儿童、语言及教育者的难题。通过讲故事来说明问题是一个不错办法,在第一版中我经常将家庭中和课堂上的小故事作为实例,在该版我会继续沿用这一做法。

在最近的一场家庭聚会中,我儿子对他幼小的儿子说:"你打不出喷嚏了。"[1]我这个小孙子得了重感冒,想打喷嚏却打不出来。小孙子听了,立刻从他坐的婴儿座椅上侧身往托盘两侧看,开始"找他的喷嚏",他掉了汤匙或者草莓时总会这么做。我的几个十多岁的孙女和其他人觉得他太可爱了,大笑了一通。小孙子看起来很困惑。我确信他肯定会感到困惑,我也确信这种困惑不会给他造成什么心理创伤。但是由于不能与成年人清楚地交流而持续地处于困惑当中,儿童的情感和社交发展的确会受到阻碍。当今儿童要接触各种媒体、使用正式的英语语言、迎接来自世界各地的新朋友,这使得语言和意义的交流显得比以往更加重要。当然,这件事实际上一直都很重要。

十五年前我想象不到今天修订该书是怎样一项艰巨的任

---

[1] 这句话的英文字面直译为:你把喷嚏掉了。——译者注

务。我们在红叶出版社（Redleaf Press）开玩笑说，用不了几年，《让幼儿都爱听你说——幼儿教师说话的艺术》第三版的编写就得提上日程，因为影响儿童和语言的各种因素日新月异，其变化之快令多数人追赶不及。

现在回到关于儿童、语言和意义的复杂关系的讨论上来。"喷嚏掉了"事件之后，我又同儿媳做了沟通，询问了更多他们通过语言与这个学步娃娃进行交流的情况。例如，我想知道他们是否在燃柴火炉没有炉火的时候也称之为"热"？因为我们的教育面临这样的问题——如何才能尽可能地让我们所看护的孩子理解周遭的世界？讲话的情境总在变换。如何向一个学步儿解释那种"热"是会变化的，并且让他了解这一点很重要？为什么在院子里玩球是可以的，而在街道上玩不可以？如何向小孩子们解释哪些环境中可以放声喊叫，哪些环境中不可以？

喜剧演员通过文字游戏挖掘笑料的做法由来已久，我的家人中不乏喜剧爱好者，他们都很喜欢这样一些话："明明是停车的地方，为什么叫 driveway（指住宅前的停车道，字面直译'行车道路'）？""明明是开车的地方，为什么叫 parkway（指路边绿化优良的林园式大道；park 除了'公园'的意思之外，还可以作'泊车'解，所以 parkway 还可以曲解为'停车道路'）？"英语不是一门好懂的语言。在近二十年里，由于各种复杂的原因，英语发生了巨大的变化。我很难将这些纷繁复杂的原因条分缕析、一一讲明，但这些因素也致使运用语言同儿童交流变得比以往更加困难。

1979年，尤里·布朗芬布伦纳的《人类发展生态学》（*The Ecology of Human Development*）一书刚刚面世时，很多人认为这部著作揭示了人类心理学中一个非常重要但尚未涉足的领域。虽然以往的科学已从多个视角关照人类，但多数聚焦于人类个体。布朗芬布伦纳改变了人们看待人类发展的方式，他强调社会影响的重要性，包括个体所处的社区、文化、媒体、政府、国际大事件以及所处的年代。布朗芬布伦纳提出，"公共政策可通过决定人的生活条件而影响人的生活质量和发展"（Bronfenbrenner，1979：xiii）。现在我们已经认识到，看待任何研究成果都必须留意其实施的社会环境。

我用了一些来自我本人的工作和家庭生活中的实例，来勾勒在运用语言同儿童进行交流的研究中所面临的挑战。接下来的章节会沿用这一做法，拓展第一版中的许多事例，从社会环境和历时的角度进行更详尽的探讨。我还要用我的朋友和导师、已故的格温·摩根（Gwen Morgan）教授的一句话来提醒读者——这句话我以前也引用过——只有繁杂的事物可以被简化；至于复杂的事物，则需要寻求新的应对策略。她认为人们浪费了太多的时间，试图简化复杂的事物。上述燃柴火炉的例子便是一个很好的典型——至少在2018年是。火炉在使用时是热的，不用时便不是热的。壁炉中真正的木头可能会带来危险，而现在不少饭店和宾馆会在相应位置用屏幕播放木柴燃烧或者鱼儿游荡的录像来代替壁炉或鱼缸，根本不存在木柴或水。如果有个4岁孩子急不可耐地站在火炉边或趴到鱼缸上，我们该对他怎么讲？两样东西都不是真的？可看上去就是真的！我们难道要和一个4岁儿童讨论"计算机模拟影像"吗？常言道，"眼见未必为实"，这句话用在当今的生活中比以往更加贴切。

大家都知道，世界自鸿蒙之初便一直在变化。《韦氏词典》[1]从最初编纂开始一直在不断地修订——在发展中不断调整、修改、定义和提炼着语言。这本词典向我们展示了新的俗语和新生词语的意义，以及哪些词语已显得过时。本书第二版也将秉持这一理念。

在修订第一版的过程中，对于那些相关度较低的材料、已出现新的实践和研究成果的内容，以及需要较多背景阐释的地方，我尽力进行了修改和删减。我也尽力在若干章节中添加了与主题密切相关的最新知识。而对于共性较强、到目前依然有效的事例，我做了保留并尽力来阐明在当前这个时代影响语言和儿童的各类社会环境因素。

新的时代，新的需求

在过去的十年中，很多人都在努力迎接新时代的巨大变革、各类敏感问题和未解难题所带来的挑战。我们想保持开放的心态，有时又难免惶惑不安、手足无措。我来讲一段去年工作中的经历。我应邀去和一位同事的研究生见面，这名女生有兴趣了解美国健康与社会服务部（Department of

---

[1] 《韦氏词典》（*Merriam-Webster Dictionary*），美国具有权威影响的词典。——译者注

Health and Human Services，DHHS）在新罕布什尔州曼彻斯特市的运作，想看看该部门如何帮助新移民家庭融入城市生活。同事告诉了我这名女生的名字，但没有提供其他信息。于是我走进大学里的咖啡馆来找这位名叫塞琳娜的女生。当时我猜想她大概是拉美裔的。（请原谅，我们都会把过去的经验代入当前的行为。）站在咖啡馆里，我正想着事先真该多问些信息，这时一位看起来跟我一样困惑的可爱的女士走上前来，说："你不会就是卡罗尔吧？"我同事事先也没有告诉塞琳娜我是个老太太，塞琳娜以为她要找一位年轻一些的老师。我们不禁大笑，然后找张桌子坐了下来。我们都承认，对于一场旨在探讨平等对待所有家庭的政策与策略的会面，这真是一个很有反讽意义的开头。面对差异，我们有太多的细节需要考虑，而在对儿童的教育中，我们也需要以适合儿童年龄水平的方式，尽我们所能通过语言来帮助他们认识差异。对姓名和民族的歧视不利于儿童的发展，所有幼教工作者都应对此有所察觉并将其纳入到教育中来。

2001年"9·11"危机爆发之后的几小时，儿童保护者和儿童权利倡导者弗雷德·罗杰斯先生迅速行动起来，指导教师和家长以适合儿童年龄水平的方式帮助儿童理解所发生的事情。看到美国各地关于儿童的报道中，孩子们反复对家长说，有坏人正不断地进入美国的摩天大楼，罗杰斯先生感到十分痛心。"我们要被人毁灭了。"孩子们说。罗杰斯先生穿上舒适的鞋子和合体的毛衣，像平常一样镇静而清楚地解释道："悲剧只发生了一次，只不过电视台在反复播放。"如上文所提及的，媒体和科技的发展改变了我们思考、接受和解读信息的方式。尽管历史上各个时期的儿童都直接经历过或者通过长辈间接地了解过创伤和战争，但"9·11"事件或许是近期体现媒体对儿童的心灵、情感和生活造成巨大影响的典型案例。

接下来的章节将继续探讨随着家庭生活和公共教育的变化，智能手机等媒体技术所带来的影响。

对第一版的简单介绍

本书所要探讨的问题是，作为幼儿教师，我们要三思而后言。儿童依赖我们来认识他们周围的世界，交谈是我们帮助他们理解世界的方式之一。我们与婴儿玩词语游戏的时候就是在帮助他们认识世界，比如，我们指着鼻子说"鼻子"，指着耳朵说"耳朵"。关于儿童发展方面的多部论著倡导我们为婴儿提供大量有意义的语言范例，与婴儿谈论他们看到的每一件事情，向他们描述我们正在为他们做的或者和他们一起做的事情。大多数幼儿教师和婴儿的父母在这一方面都做得很好。但是，随着儿童度过婴儿期慢慢长大，我们中的许多人忽略了与儿童的有效沟通，未能有力地支持儿童的语言和思维发展。简易上口的习惯用语已不足以帮助儿童理解周围的世界，然而，大多数幼儿教师和家长依然在频繁地使用它们。我们都很关心儿童，但是在他们学习和掌握日后生存所必需的行为规范和让他们了解社会与学校对他们的期望时，我们未能有效地使用语言来帮助他们。而且，儿童所接收的语言和信息中，有很大的比例并非来自照看他们的人，这是由于儿童接触各类媒体的时间常常多于教师和家长同他们对话的时间。在近期的一次研讨会上，我与一位印第安男子进行了大量的交流。他说很多人受语言文字问题的困扰，这让他感触颇多。"你们在会上讨论连写体、手写体、有行线与无行线的稿纸、词间间隔、阅读水平与理解水平，而我和妻子到餐馆吃饭时经常看到很多家庭自始至终没有什么交谈。就连坐汽车安全座椅的小宝宝也在用iPad[1]，孩子们都在用手机。而在印第安社区中，很多故事饶有风趣，伴随着几百年来先人们传袭下来的表情和手势口头流传着。"

如果不能充分地解释一个词、观点或者概念，我们将置儿童于不利境地。尽管尊重儿童的个性是充分了解和培养儿童的重要方面，但同时，让儿童认识社会所认可的行为方式和文化规范，也是培养儿童社交能力和建立良好情感关系这一过程的重要维度。家人们放下iPad这类电子工具，给孩子们讲讲早已过世但还活在家人心中的某位亲人的趣事，也有助于儿童培养家族传承感（认识自己的身份、家世渊源等）。

话语的运用与语言学习

众所周知，儿童学习理解语言要早于开口使用语言。在教学步儿的时候，要根据其发展状况选择使用的语言。儿

---

[1] iPad，苹果公司开发的平板电脑。——译者注

童的接受性语言（即他们所理解的词语）要比他们的表达性语言（即他们能够说出的词语）发展得好；儿童对词语的理解与他们的发音之间存在一定的差距。当学步儿说"哇哇（Wawa）"时，我们会附和说："对，水。"我们会弃用婴儿话语，即婴儿时期儿童出于合理的社交目的而使用的话语（有时候称之为妈妈语或者父母语——调门高，词语简单）。

随着儿童慢慢长大，我们期待某些发展中的标志性现象出现，如儿童迈出的第一步、说出的第一个词语或者第一次使用水杯等。儿童会模仿我们使用语言的方式，会创造属于他们自己的语言，会运用他们刚刚理解的语言规则开展语言游戏。语言习得方面的研究以及倾听幼儿说话获得的结果，均证实了这一点。

我们知道，当珍妮说"我家里有狗（dogs）"时，她使用了复数名词。这表明，她知道自己家拥有不止一条狗。同样的情况也适用于她的朋友乔希。乔希说："新鞋子弄疼了我的脚（footsies）。"儿童在学习语言的过程中尝试使用语言时，通常会使某些规则过度规则化（即使用学会的语言规则，但是并不考虑其细微差别或者例外的情况），乔希的情况当属其中一例。在儿童最早期的这些阶段，大多数教师都能为幼儿学习语言提供明确且恰当的帮助。

但是，随着儿童的词汇量越来越大，周围的成人倾向于逐渐减少语言示范以及有目的的指导，这是幼儿教师常犯的一种错误。他们认为，既然儿童年龄大了，而且知道了这么多词语，就没有必要再刻意扩展语言［当幼儿年龄小时，他们的父母或者教师会拓展他们所说的短句，比如，将"Mommy here（妈咪，这儿）"扩展为"Mommy is here（妈咪在这儿）"，或者将"Baby cry（宝宝哭）"扩展成"The baby is crying（宝宝在哭）"］。

莉莲·卡茨曾经说过："在早期教育阶段，幼儿教师倾向于在学业上高估幼儿，而在智力上低估他们。"（Katz and Chard, 1989：5）幼儿教师在对待语言时和对待学龄前儿童具有相似的倾向性。他们忘记了，幼儿可以理解他们不会使用的词语，也可以使用他们并不充分理解的词语。这令我想起了一名儿童，当问及他的年龄时，他说："没法说，我戴了连指手套！"这名儿童可以数到10以上的数字，而且可以伸出3根手指，但是当别人问他的年龄时，他却不能把年龄、数字、他自己以及他伸出的3根手指所代表的语义联系起来。还有一个例子是我在一家餐馆里看到的。一个活泼的小男孩在服务员问他几岁时，露出甜甜的微笑，自豪地伸出一只手的5根手指回答说："我2岁！"这名儿童正在自我、年龄、话语和计数之间建立联系，只不过这几个方面还没有完全协调一致。遗憾的是，我见到过不少好心好意的家长或教师将这种欢乐时刻变成了一种不合时宜的教学时间。很多人没有去肯定儿童所感受到的知道自己年龄的自豪感，而是说："这样才是两个——你能像阿姨一样把三个手指放下来吗？"这种回应方式对于年龄再大一些的学龄前儿童或许有帮助，但无助于一个2岁左右的学步儿理解数字或者年龄的概念。珍妮特·斯通（Stone, 2002）书中提到的例子也印证了这一观点。

斯通跟我讲过她早在20世纪60年代从事"开端计划[1]"（Head Start）项目教学时的一个案例："当我说'你们要轮流玩'时，我意识到，孩子们根本就不明白'轮流玩'是什么意思。所以，我只好教给他们——雪莉要第一个去荡秋千，当她荡完之后，杰克可以去荡。这就是我们所说的'轮流玩'。"（Stone，2002）珍妮特的洞察力是许多幼儿教师在与幼儿交谈时所欠缺的。幼儿不理解的时候，幼儿教师却常常认为他们能够理解。有时我们会讲这样一些话——"要有礼貌"、"注意礼仪"、"规矩一些"、"要乖乖的"或者"那样做很粗鲁"，对于这样一些概念，很多成年人都未必能充分地给他人描述清楚，更不要说儿童了。当我们第一次和不同生活环境、生活方式下成长起来的人住在一起时，那种体验会让我们倍感震撼。我们很快就发觉，自己认为是礼貌的做法会被别人看成是冷漠的表现；我们认为是理智的行为在别人眼里却是疯狂之举。无论是住兵营、宿舍、合租公寓，还是新婚，都要经过一个磋商新的交往规范和尊重彼此的生活方式的磨合期。

对于儿童而言，这就是他们每日生活中所要面对的情

---

[1] 开端计划（Head Start）始于1965年，是迄今为止美国联邦政府实施的规模最大的早期儿童发展项目，被誉为美国学前教育的"国家实验室"，对美国幼儿教育产生了十分重要的影响。该计划主要关注3—4岁贫困家庭儿童的教育、医疗和身体健康发展，旨在通过关注儿童的早期发展，扩大弱势群体受教育的机会，以消除贫困。随着立法的逐步完善，此项目进一步扩展，到1995年，把服务对象延伸到3岁之前的婴儿、学步儿和怀孕妇女，从而形成了"早期开端计划"（Early Head Start）。

形。记得当年，我最大的两个孩子年纪尚小，我带他们去一家餐馆吃饭。他们俩穿戴得很整齐，心情激动，极力表现得像经常到餐馆吃饭一样。大儿子主动与邻桌的女士进行了一番他自认为很精彩的对话。他竭尽所能地拿出彬彬有礼和老成持重的腔调，对那位和蔼的60多岁、稍稍发福的女士说："其实我妈妈以前还要胖一些——没有您这么胖——但比现在胖。她参加了瘦身俱乐部，真的很见效。"那位女士收拾起自己的物品，立刻走掉了。我被弄得羞愧难当，但还是强作镇定地看着前方。

　　有位同事分享了她的一位亲戚带着年幼的孩子乘飞机跨国旅行的经历——可真不轻松！这位亲戚带着孩子沿着座位间的过道来回走动，当作放松休息。突然，小孩停下来，紧盯着靠过道的一位光头的男子，像是有了了不起的大发现一般，用响亮且稚嫩的声音喊道："你头上没有头发！"

　　还有一个例子。有一次，我带着一个班的小朋友去波士顿新落成的保德信大厦，从那里俯瞰波士顿全景。我们一行接近20人，其中包括几位家长志愿者。电梯大约能容纳40人，我们后面上来一位坐轮椅的中年男子。班里的一个小男孩大声喊道："天哪！你没有腿！它们到哪里去了？"所有的家长志愿者都倒吸了一口冷气，看着我和配班老师——料想我也未必知道怎么应对！那位先生脸上浮现出一个大大的、亲切的微笑。他坦诚地直视着小男孩的眼睛，没去看其他人是什么反应，说："孩子，谢谢你这么问我。很多人看到我都会回避，尽量表现出一切正常的样子。很久以前，我在一次工作中出了一次事故。我还好,并不疼。你该看一下我用这个轮椅的本事,到了上面我就表演给你看!"

以上都是儿童运用语言的典型事例。作为成年人,我们受到各类制约,不能像这些初涉人世的儿童这样,说话口无遮拦、直来直去。对于老师和家长来说,挑战在于分清哪些是可以顺其自然的、哪些是需要做出回应的。那么又该如何区分、如何回应呢?一切要依据具体的情境、儿童的年龄和发展水平等来确定。要做出促进儿童发展的回应,我们所选择的语言必须综合以上所有条件,并且要因人而异。

对于这些困境的解决方法和策略,本书将进行全面探讨。

阅读本书可期待的收获

第一章专门探讨"教师的话语"以及这类话语如何促进儿童学习和理解周围的世界,在哪些情况下又会造成妨碍。

第二章探讨如何发出指令和进行指导,以及如何评估指令和指导的有效程度。

第三章探讨行为纠正。对于低龄幼儿而言,在他们的生活中,所谓的行为就是指"目前正在做什么"。必要时我们该选择什么样的话语来帮助儿童纠正语言和行为呢?

第四章探讨适合低龄幼儿的语言学习课程,并讨论教师的话语和课堂规划如何影响幼儿教师应对年龄下移的课程能力,以及年龄下移的课程对幼儿及其家庭的影响。

第五章强调传统的日常交谈方式的重要性。很多幼儿缺乏培养这种重要技能的机会。本章着重探讨交谈、讨论和讲故事，也简要地涉及随着技术变革和大多数美国人持续使用电子通信工具，语言交流这种行为方式如何变得与以往截然不同。

在语言的教与学中，很多问题的存在由来已久。当教师表达不清楚时，幼儿就无法进行学习，或者导致更为严重的后果——他们会因为不知道该做什么而感到困惑或者尴尬。有时候，当幼儿不知道该做什么时，他们就会表现出一些令教师感到棘手的行为。然而，幼儿教师通常不能把自己的说话方式与幼儿的行为方式联系起来，本书的目的就是帮助幼儿教师建立这种联系。幼儿教师运用和斟酌语言的方式可以切实地帮助幼儿了解别人对他们的期望，帮助他们理解周围的世界，进而能更好地应对生活。这听起来与20世纪50年代我们的老师在教我们时所做的努力如出一辙。但在当今时代，这一问题的重要性更为突出，因为美国新增儿童的数量和多样性都已大大增加。通常中产阶级出身的白人教师对文化的认识仅仅停留在区分某种文化现象是源于爱尔兰还是法国，是源于墨西哥还是叙利亚，但一般不会想到每个人的"家庭文化"对其行为产生的影响（Delpit，1995）。我们在诸多方面存在差异，又在诸多方面存在共同点。如果想做话语意义的制造者，一条有用的规则就是，不要对任何事情先入为主地做出推定。从头开始，简单明了，重要信息经常重复。我的第一位职业导师曾反复对我讲："重复是一切学习之母！"很多事物发生了改变，但我认为对于幼儿而言，重复的必要性是不变的。

幼儿教师运用语言的方式还可以减少他们工作中的挫折感。幼儿想跟教师配合，他们想知道教师的期望。如果教师在说话之前花点时间思考一下，用心斟酌用词，就能提高表达清楚的概率。幼儿教师表达得越清楚，幼儿就越配合，这会让大家的生活更加轻松，为此花费的时间和进行的思考都是值得的。

　　本书呈现的观点并非前所未闻。我相信，在阅读本书的时候，你会常说："关于这一点，我是知道的。"然而，我对多所幼儿园进行的实地考察表明：我们都需要提醒自己更加谨慎地使用和斟酌自己的语言，并满怀热情地拥抱时代所带来的变化。

第一章

教师的话语与儿童的学习

幼儿的父母和教师都喜欢收集有关"幼儿与语言"的故事。最近，一位同行就与我分享了这样一个故事：有一个家庭想把孩子送到她管理的幼儿园来上学，园长带着他们参观校园时，园长助理过来，说有一个非常重要的电话需要园长去接一下。园长表示抱歉，说她必须去接个电话。她俯下身来，对着幼儿微笑着说："这是南希。我去接电话，在此期间，她将带领大家继续参观。"这名幼儿看上去有些警觉，但还是非常有礼貌地说："不用了，谢谢。我想要过得很愉快而不是很悲惨！"[1]

大家觉得这样的故事非常有趣。《读者文摘》(*Reader's Digest*)曾经付给幼儿的父母50~75美元的报酬，以获准杂志在每月的家庭版上刊登这些故事。但是，这些故事绝不仅

---

[1] 英语中 meantime（期间）与 mean time（悲惨的时刻）极为近似。——译者注

仅是有趣这么简单。这些故事显示出，对于我们随意使用的语言，幼儿很容易陷入困惑。同样，还要谨记，幼儿理解不了反讽的话语。如果我们在感到挫败时做出类似"嗯，我希望现在你满意了"这样的评论，幼儿会感到更加困惑。我们每天都要使用成千上万的词语，幼儿需要我们持续提供这些词语的意义和解释。我们需要不断地重复这些解释，并且随着幼儿的成长拓展其意义。避免使用类似以下这些表达方式是有好处的：（1）"下着瓢泼大雨"[1]；（2）"她出生在一个富裕的家庭中"[2]（通常并不是对幼儿讲的，但在幼儿可以听到的范围内）；（3）"他们为她竭尽全力"[3]；（4）"那噪音太可怕了，令我毛骨悚然"[4]；（5）"他确实坐立不安"[5]。

取而代之的是，我们需要提供的是对日常词汇、物体和行为的直接而简明的解释。我们需要定期提醒新、老教师以及自己，即使是年龄最小的婴儿也需要交谈、微笑和我们的热情。如果仔细观察就会发现，我们可以从每一个婴儿那里学到许多东西。我们进行的是双向交流。本书始终反复强调，即使最小的幼儿也会解读和感知我们的面部表情、目光

> 我们每天都要使用成千上万的词语，幼儿需要我们持续提供这些词语的意义和解释。我们需要不断地重复这些解释，并且随着幼儿的成长拓展其意义。

---

[1] It's raining cats and dogs，字面意思是"下着猫和狗"。——译者注
[2] with a silver spoon in her mouth，字面意思是"口中含着银汤匙"。——译者注
[3] bent over backwards，字面意思是"身体向后弯曲"。——译者注
[4] it made my hair stand on end，字面意思是"我的头发都竖起来了"。——译者注
[5] He sure has ants in his pants，字面意思是"他的裤子里一定有蚂蚁"。——译者注

的交流、肢体语言和整体态度。这是语言发展的起点。下面的故事清楚地证明了这一点。

米歇尔是一位"早期开端计划"（Early Head Start）项目的教师，她能够理解儿童对解释和重复的需求。她全天都在对儿童讲话，与儿童交谈。她会问一些有趣的问题，尽管大多数不会说话的儿童尚不能回答。她所在班级的每一项常规、每一个故事、每一个活动都伴随着大量的话语。有一天，我非常愉快地倾听了米歇尔在给一名幼儿换尿布时的话语。蒂米差不多有2岁大，他每天都在学习新东西。米歇尔知道，蒂米不喜欢换尿布。她很尊重他，说："蒂米，我会尽快换好。我知道你不喜欢被迫中断游戏。"

在换尿布的时候，她与他谈论换尿布的整个过程，然后解释说："我现在要做的就是给你提上裤子，裤子可以让你的腿不冷。今天我穿裤子了，这样我的腿就不会冷了。我们都穿着裤子。"尿布换好了，蒂米走回教室，非常严肃地看着我，说："裤子！"这看上去似乎是一件非常简单的事情。日常生活中的一些琐事需要我们用语言表达出来，然而许多教师却错失了应该做出常见却又非常必要的解释的时机。照看婴儿和学步儿时，幼儿教师需要持续运用交谈的方式。

为了拓展这个故事，我也想让大家关注几件事情，这与我们的讨论密切相关。米歇尔是一名班主任，她在一所以教师培训而闻名的大学获得了早期教育专业的副学士学位。来这里工作之前，她就既有做母亲的经验，也有在家庭看护中心工作的经验。加入"早期开端计划"项目之后，她全身心地投入到自己所选择的事业之中。

她很尊重蒂米,在说"我知道你不喜欢被迫中断游戏"之前,她说:"我会尽快换好。"这并非偶然。她并不是在预先为幼儿做出消极反应寻找理由,只是就事论事。她没有为打断幼儿游戏而道歉,毕竟她正在为他提供高质量的护理,使他保持干燥和舒适。她没有征求他的同意,但是在进行必须要完成的工作:给他一片干净的尿布时,充满了爱意和尊重。然后,通过解释正在发生的事情和拓展"裤子"这个词的意思,她很好地利用了当时的情形。这看起来无甚高论,但是如果教师不假思索地说:"如果现在给你换裤子,你会介意吗?"你会惊讶于因为伤心而崩溃的幼儿的数量。所有看护学步儿的幼儿教师都知道,处于这个阶段的幼儿正在努力地发展自己的独立性,他们最喜欢说的字眼儿是"不"!或者,更确切地说是"不不不不"!我们必须反复提醒自己,没有选择的余地时就不要给出选项。

教师的不当话语

前面"悲惨生活"的案例没有对儿童造成伤害。但是,在新英格兰数年来冬季里最冷的一天,当我写下这些话时,我想起了一个紧紧地抓着自己的风雪服的 3.5 岁的女孩西姐。昨天,当我走进教室时,她正坐在更衣室里,一边哭一边踢打着。两位老师对她这突如其来的行为感到既沮丧又困惑。后来,志愿者老奶奶接手了这件事情,她努力让西姐平静下来，而两位老师继续争论是否应该带孩子们到户外去。

第一位老师说:"这么多孩子都生病了。他们需要呼吸新鲜空气。"

她的同事回应说:"但是,雪这么深,我们怎么才能看得住他们呢?他们会失踪的!"

很快,我就把西姐的哭泣(她喜欢户外游戏)和"她会失踪,再也找不到"这一含糊的说法联系起来了。

每位幼儿教师都要对这类事情多加思考。每一本儿童早期教育教科书都告诫新手教师不要谈论儿童,即使儿童好像并没有在听,或者好像并没有在关注教师的举动。然而,教师很容易忽视自己的话语及其带来的后果。在过去的一个月内,我在幼儿教育工作场合留意到,以下这些话语都曾经当着幼儿的面说过:

- 你认为她需要气雾剂吗?
- 她有点儿发烧,我们应不应该叫护士?
- 他似乎很累,希望哄他睡午觉不会太困难。
- 他来的时候戴手套了吗?我在更衣室里找不到。
- 看住她,她总是一有机会就咬希瑟!

我观察的幼教机构都是全美幼儿教育协会(National Association for the Education of Young Children,简称NAEYC)认证的机构,这里的教师都接受过良好的教育,他们都非常关心幼儿,关注教学。以上的话语都没有明显不合专业要求的问题,然而却违背了基本前提,即不应该当着幼儿的面谈论他们，就好像他们不在场一样。假设你是一名幼儿，当你听到权威的成年人以这种方式当着你的面谈论你时，你会有什么感受？当你听到他们讨论你存在呼吸问题时，你会不会感到害怕？听到别人说你可能很难入睡，当你躺在垫子上时，这又会怎样影响你？当听到别人说你总是一有机会就咬人时，这会让你感到自己的控制力好还是差？有没有产生挫折感？这些话语会帮助还是阻碍教师和幼儿共同应对生活中所面临的挑战呢？

成年人对世界的理解比幼儿要复杂得多。成年人有抽象思维能力，而学龄前儿童却只能考虑字面意思。尽管人类发展学专家声称，成年人有抽象思维能力，而儿童没有，但仍然有大量学者担心，事实远比这个观点要复杂得多。令人振奋的是，严肃的研究者们现在已经认识到我们所面对的问题的复杂性——儿童、家庭、教育以及社会环境等问题相互交织，绘成一幅前所未有的巨大的画卷。小小年纪的儿童，还不能流利地讲自己家庭内部使用的语言，就被抛进学校环境中。在那里，他们必须努力学习使用母语之外的又一种语言，还要面临文化、能力和常识上的冲突。当儿童饿了、冷了、累了或者心理受到创伤时，学习语言就不是学习ABC那么简单的事情了。有许多东西需要我们深思。上述情形需要得到支持，但是有幸获得所需支持的教学课程很少。教师要做到既懂语言，又理解他们所教育的儿童的需要、发展阶

> 成年人对世界的理解比幼儿要复杂得多。成年人有抽象思维能力，而学龄前儿童却只能考虑字面意思。

段和典型行为，要成为有经验、有能力的语言教师、家庭服务工作者和母语翻译者，这些支持至关重要。这是一项很棘手的任务，我们正在努力去做，并且与十年前相比，我们已经取得了巨大进步，但是未来仍然还有很长的路要走。

要想找到我们目前所面临的挑战的解决方案，上面提及的几项因素与爱德华·齐格勒、约瑟夫·斯通、尤里·布朗芬布伦纳等大师的智慧同样重要，也正像学者们当初说服国会建立"开端计划"项目时所证明的，语言学习并不像ABC一样简单。

以英语为母语的成年人已经把许多英语习语和简化语都内化了，但是对于幼儿或者母语不是英语的幼儿或成年人来说，他们面临的挑战甚至更加复杂和令人沮丧。事实上，没有一份可靠的策略清单，能够帮助我们在不久的将来消除这一职业挑战。这会让我们感到担忧，我们当中的大多数人不想承认或者讨论它。许多人投入如此多的时间、精力和心思，来训练自身的文化能力和感受力，这种努力也让所有人认识到我们所面临的挑战的严重性。他们的经历已经表明，满怀良好愿望的努力未必会按照事先的计划或者希望的方式发挥必要的作用。我们在语言和儿童发展方面忽略的内容，不只是文化敏感性或者对儿童成长与发展的深刻理解。实际上，这些因素让我们在思考时面临更多的不确定性。以下事例就是我们经常使用的语言，但是很少有助于我们完成错综复杂的工作任务。

- 她是在乡下（in a barn[1]）长大的吗？
- 我不会告诉她的。我上个月就是因为告诉她而吃了大亏（burned[2]）。
- 我们现在有麻烦了——这台电脑崩溃了（crashed[3]）！
- 行了！除非太阳能从西边出来（when pigs fly[4]）！
- 我觉得她一整天都闷闷不乐、心烦意乱的（got up on the wrong side of the bed[5]）。
- 那个班很乱（Lots of problems in that house[6]）！
- 是谁那样说的？

换言之，我们每个人都是在一定的家庭环境中长大的，可能是寄养家庭、群婚家庭、单亲家庭、父母离异后再婚的家庭、同性恋家庭，或者高收入、中等收入、经济困难的家庭。家庭居住区、地理位置和家庭成员的情况，都为我们出生、长大成人或成家立业的经历增加了另一个复杂的层面。文化和种族划分当然重要，但是基本的人类差异其实更重要。起初，我们中的大多数人相信，我们所经历的就是"现实"，这是人之常情。但是真正的现实是，存在许多不同的现实——有重合的现实，有对立的现实；有些价值观和传统

---

[1] in a barn，字面意思是"在谷仓里，在牲口棚里"。——译者注
[2] burned，字面意思是"烧焦，烧掉"。——译者注
[3] crashed，字面意思是"撞击，破碎"。——译者注
[4] when pigs fly，字面意思是"当猪飞行时"。——译者注
[5] got up on the wrong side of the bed，字面意思是"下床时方向不对"。——译者注
[6] Lots of problems in that house，字面意思是"那所房子有很多毛病"。——译者注

是某些家庭的精髓，而另外的家庭却并不知晓。没有人独享事物运行的唯一真相，没有人独享家庭的真谛。然而，在美国长大的大多数人，至少有一段时间认为，我们的方式就是"正确的"方式。21世纪已经将技术的、多元文化的和政治的现实摆上桌面，迫使我们都要超越自己和我们的社区或者国家，以一种全球化、与过去几十年相比更加深入的方式阐释我们的学识。这是一个令人欣慰的现实。有时，我们都是正确的，但有些时候，我们可能全都错了。很多时候孰对孰错是有争议的。差异是真实存在的，我们需要学会接纳它。所以，教给儿童什么很重要。

　　这并不总是很容易，但是对我们能否教育下一代接纳人与人之间的差异是非常重要的。也许有人会问："这跟语言学习和儿童有何关联？"这个问题问得合情合理。在一个有种族优越感的环境中长大的人会习惯性地认为，我们的方式就是"正确的"方式，对于我们中的大多数人来说，可能有些答案将会是令人不舒服的，甚至是令人无法接受的，因为这需要我们尝试接受"变化是必然的"这个观点。如果我们想要儿童学习可以接受差异的语言、包容他人的语言，那么我们自己首先需要学习和接受这样的语言。对于我们中的一部分人来说，这将会是作为一个个体，不愿去面对的挑战；然而，作为一个行业，我们必须去面对。

　　对每一个幼儿来说，他们所面临的挑战与我们不同。他们尚未习惯性地认为，一个事物会比另一个事物优越。我们必须谨慎地教育他们。这使我们肩头的责任更加重大，我们要处处为儿童负责,关注可能实现的更加明智的生活方式。我可以为文化差异学习或者世界和平的未来计划提供一种有趣的替代方案。看看你是否能够找到1958年版的《南太平洋》(South Pacific)[1],观看这部纪录片并且仔细聆听《悉心传授》(Carefully Taught)这首歌曲。

请仔细考虑一下,对于一个只能理解字面意思的3岁或者4岁幼儿来说,上文提到的教师们使用的这些常见的说法会在他的脑海中引发什么样的形象?对于一个学龄前儿童来说,"撞击"(crash)这个词会用来描述自行车或者小汽车事故。"撞击"是一种强有力的物理事件,伴有吵闹声、破碎的玻璃和皱折的金属,或者因为你的自行车轧到你的朋友的脚趾头,你的朋友发出的哭声。那么,这名幼儿又会怎样理解"电脑撞击"的意思呢?

再回到那个在更衣室里哭闹的西妲的案例,作为一位悉心关怀幼儿的教师,要考虑许多问题:

- 是不是因为我们不知道该做什么并且当着她的面讨论这个问题而令她感到害怕?
- 她会怎样理解"消失"的意思呢?
- 是不是我错把恐惧当成了淘气或者不配合?
- 关于幼儿或者幼儿父母"消失"或"失踪"的话题,她曾经在电视上看到过或在广播中听到过什么吗?
- 我是不是没有问她为什么伤心就试图去安慰她或者对

---

[1] 英国广播公司制作的一部纪录片。——译者注

她说:"西妲,你没事吧?"

西妲的老师们把注意力集中在了两件事情上:做出开展户外活动的决定和尝试让一个坐立不安、又哭又喊的幼儿穿上风雪服。尽管这两件事情都是全天幼儿教育工作的组成部分,但是这两位教师忘记了从事这项工作的真正目的——帮助幼儿理解他们周围的世界。

那么,她们应该做些什么呢?由于气温较低而且雪很深而引起的关于什么时间或者是否进行户外活动的交谈,应该早在幼儿入园之前进行。这是制订每日计划过程中的一部分。在幼儿入园之前,教师们可以用自己能够理解但幼儿理解不了的简短方式进行交谈,这样可以避免幼儿产生困惑。

即使没有在幼儿入园前进行规划,那么老师也应该思考幼儿的反常反应,并且努力找到原因所在。既然老师们非常了解她,就应该知道她喜欢户外活动时间。

如果西妲还没有到伤心得说不出话来的程度,教师要做的第一件事应该是询问她:"为什么难过?"这样应该就可以结束这种状况。记得一天早上我遇见眼泪汪汪的埃文,我对他说:"今天早上想妈妈了吗?"他迅速擦了擦眼泪,然后说:"没有。厨师让我帮忙剥洋葱烧汤,结果洋葱汁进到眼睛里去了!"教师经常会错误地臆断幼儿的想法和感受。如果教师能花些时间借助询问的方式来调查幼儿的行为所代表的意义,幼儿通常能够告诉教师发生了什么事情。

如果教师说了一些唐突的或者欠考虑的话,收回这些话其实很容易。比如，在这种情况下，教师应该这样说："西妲，我们不会消失的。只是雪太深了，我和克莉丝刚才只是在谈论，当你们在那么深的雪里玩时，我们必须能够看好你们所有人。我可以帮你穿上风雪服吗？我知道，你是多么喜欢在雪地里玩啊！"

另一个案例显示了对幼儿和新教师来说示范所起的作用。

最近，在一个"早期开端计划"的教室中，我观察到了一个非常出色的澄清话语的案例。这间教室中的幼儿都刚刚开始使用语言以及理解事情的后果。一位配班教师犯了一个典型的错误，她对一个2岁的幼儿说："现在你愿意和我们一起吃午饭吗，卡里尔？"班主任教师为这位配班教师做了一个很好的示范，她抱起孩子，说："乔希，我们把你搞糊涂了。这听起来像是一个选择，但是现在是吃饭时间，我会帮你找到座位的。"卡里尔笑了笑，坐下来，喝起了汤。

这一案例表明，教师的话语是多么容易令幼儿感到困惑；当事情已经发生时，可以采取这种重新表述的方式，幼儿也会因此知道教师对他的期望，从而积极配合清晰的指令。当然，就像很多我们希望自己能做得更好的事情一样，不可能总有机会得以纠正。对于我们中的一些人来说，一个好的开始可能是记日志，或者仔细考虑我们选择的词语以及在生活中与儿童交流时如何使用这些词语。我们中的大多数人说的许多词语是出于习惯或者由于在生活中或学习阶段不断地听到这样的说法。通常，我们对此毫无意识，直到一个早熟的3岁幼儿好奇地看着我们，说："你在说什么？"

与幼儿交谈的时候，我们使用语言的原因多种多样。我们希望可以增加幼儿的词汇量，示范正确的发音，表达意义，为每天使用的成千上万的词语提供使用的语境。通常在与幼儿沟通的时候，教师心里会熟记语言的多种具体功能，后面几章将会进行讨论。它们分别是：

- 提供指导或者发出指令。
- 纠正与重新指导幼儿的行为。
- 培养概念与技能。
- 讨论班级生活或者家庭生活。
- 帮助所有的儿童学习技能，为终身学习语言的意义做好准备，这里的语言包括他们的母语和生活中遇到的外语。

在幼儿园一日生活中，教师始终需要告诉幼儿接下来要做什么或者告诉他们老师的期望；如果教师表述不准确，模糊的指令就会令幼儿感到困惑，可能会引发误解。这一点尤其适用于初到这个国家或者初到幼儿园的儿童。当儿童刚到幼儿园时，我们会尽量向儿童的父母介绍情况。然而通常情况下，3岁或者4岁的幼儿突然一下子就被扔进一群同龄人之中，没有人向他们解释过这里的日常活动、对他们的期待、可以做的选择等。我们的职业看起来就像花蜜吸引蜜蜂一样，吸引着一些陈词滥调！这里有几个实例。

> 我们希望可以增加幼儿的词汇量，示范正确的发音，表达意义，为每天使用的成千上万的词语提供使用的语境。

- 1—2—3，看着我（all eyes on me[1]）。
- 双腿交叉（crisscross applesauce[2]）。
- 要注意认真听讲（listening ears[3]）。
- 不要大声讲话，用室内讲话的正常音量（indoor voices[4]）。
- 整理时间到了，唱起来！

如果可以的话，请你想象一下，有一个二月份新到你们幼儿园的幼儿，当一位教师说"双腿交叉"时，这名幼儿看到整栋大楼里的人都在行动——如同我们能想象得到的大规模的机器人在行动的情形，但是她却不知道这些指令是什么意思。我最常用的典型例子是：当所有的灯熄灭之后，每个人都静止不动（freeze[5]）！对于幼儿来说，一所新学校已经是一个非常大的挑战了，增加一种额外的和家里使用的语言不一样的语言，或者与幼儿来到美国之后一直在努力理解的语言也不一样的语言，这种挑战的难度简直无以言表。

我记得我在一所小规模的幼儿园任园长的第一天的情形。我一直喜爱音乐，白天工作时经常放着多种乐曲。孩子们当时正在快乐地忙他们的游戏。我开始播放音乐，孩子们立即停止了正在进行的游戏，迅速跑到集体活动区域，两腿

---

[1] all eyes on me，字面意思是"把眼睛放在我身上"。——译者注
[2] crisscross applesauce，字面意思是"交叉苹果酱"。——译者注
[3] listening ears，字面意思是"聆听的耳朵"。——译者注
[4] indoor voices，字面意思是"门里的嗓音"。——译者注
[5] freeze，字面意思是"冻僵"。——译者注

交叉坐好，充满期待地看着我。我不确定刚刚发生了什么，于是我微笑着问道："接下来做什么？"其中一个年龄大一点儿的孩子说："你播放音乐了。""是的，我放了。"我回应道。"我以为你们可能会喜欢音乐！"我的确很喜欢现在的孩子说话的方式，而我们那一代人从来不会这样说话。还是这个男孩，他很友好又耐心地说："您是新来的老师。您可能需要一些帮助。我们在这里要做许多事情，我们有多种选择。当您播放音乐时，我们知道变换游戏的时间到了。所以我们就坐到这里来了。但是您没说接下来我们要做什么！"这次交流是我经历过的最棒的新教师入职培训之一。

在早期教育阶段，重新指导幼儿的行为是语言最重要的功能之一，也是最常被误用的功能之一。我们并非故意告诉幼儿错误的信息，但是日常中这样的问题并不罕见。我担心，当教师培训开始关注创建教师更有威信的（民主的）环境，以取代过去几十年里教师专制的做法时，这会导致一些困惑。有实习教师告诉我，他们所受的培训鼓励他们从幼儿身上得到启发，而不是去告诉幼儿应该做什么。在许多环境中这是一个好办法，我赞同这一点，不过不是在所有环境中。你可以想象这样一幅画面，教师为班里新来的一个学步儿套上一件画画时穿的罩衣（它看起来的确有点儿像围嘴，并且具有相同的作用），领着她走到一个小画架前，画架的托盘上有装满了颜色亮丽的"东西"的杯子，老师热情洋溢地说:"现在,你可以画画了(paint[1])!"这个学步儿可能会产生困惑,但她不会这么讲出来:"对不起,老师……油漆(paint[2])是什么?可以吃还是可以喝?为什么我不是坐在饭桌旁?我真的很困惑。你到底想让我拿这些好看的东西怎么办呢?"多年以来,许多父母告诉过我,他们非常喜欢孩子们在学校的活动中制作的东西,因为那样他们就不用处理一大堆橡皮泥、手指画颜料、各种绘画颜料、欧不裂[3]等。我们不能假设儿童都已经了解正在使用的材料,因此必须仔细教他们。"这是颜料,这是画笔。我再给你穿上这件额外的衬衫,这样你可以让颜料画在纸上,而不是自己的衬衫上。有时候我们把这件额外的衬衫叫作罩衣。"

作为幼儿教师,在幼儿习得必要技能的过程中,我们对帮助幼儿感到兴奋不已;我们也非常乐意与幼儿分享一些概念。然而,我们经常十分狭隘地理解技能和概念培养。许多教师认为,概念培养就是指高矮、颜色、形状、字母、数字、下沉与上浮等概念。而实用技能对学习和生活的准备更重要。比如,珍妮特·斯通(Stone,2002)的关于"轮流玩"的案例。我们必须教给幼儿学前阶段需要掌握的、典型的学习技能。幼儿的父母和学校管理者希望我们这样做,他们有这样的期望也合情合理。但是,幼儿需要运用社交以及

---

[1] paint,作动词表示绘画的意思。——译者注
[2] paint,作名词表示油漆的意思。——译者注
[3] 欧不裂(ooblick),由玉米淀粉和水以 2∶1 到 3∶2 之间的比例混合而成,其最大的特点是黏性会随着压力的大小而改变。——译者注

实用技能来理解周围的世界，应对现实生活，这些技能对他们未来的生活成功也同样重要。

幼儿需要我们帮助他们学习运用工具、词语以及自己的身体。教师需要拿出必要的时间互相讨论、学习可以支持儿童知识发展的策略。同样重要的是，我们都知道，教师要面对来自各个方面的推动力，包括：闻名全国的著作和出版物，经常处于地区教育主管压力之下的学校管理人员，以及影响力波及从业者的调查研究（通常提出问题二十年之后，从业者才开始认真对待相关信息）（Hart & Risley，1995）。我们处在一个一切都在迅速变化的领域，以至于在做决定的时候不能及时考虑可能会带给幼儿及其家人的影响。我们仓促采用某些决定，但是相关研究可能并没有真正满足我们所服务的家庭的需要。让教师改变他们处理问题的方法，却没有给予其机会反思、计划或者适应新观点、新大纲，甚至是午餐时间安排这样的新规定，这通常都会令教师感到不舒服。

阻止这种"冒进"心态的好办法就是放慢速度。很多教师和学校管理者认为，如果他们能够花时间与同事进行沟通和自我反思，那么就不是只为薪水而工作。"推给下属，赶紧完成，不断前进"的方法会让我们产生挫败感，也无法帮助那些我们在工作中真正应该关注的幼儿及其家人。而放慢速度和倾心交谈是改变这种做法的最有效的两种策略。

讨论发生在教室里和家庭中的事情可以为教师提供更多的机会来拓展幼儿的语言和理解力。美国是一个日益多元化的国家，幼儿教师要照看来自不同国家、家庭及经济背景的幼儿。美国人的家庭生活方式形形色色，人们所重视的事物千差万别。民族中心主义（即认为某一文化、阶级或者家庭的行为方式是唯一或者最佳方式）会影响幼儿教师与幼儿及其家人的交谈和工作方法，这是非常常见的现象。这就要求我们三思而后言。

讨论发生在教室里的事情和家庭生活，以及帮助教师掌握大量技巧的实用操作建议，有助于应对因家庭和思想价值观念不同而导致的复杂局面。这是一项非常复杂的任务，它的解决办法不止一种。问题千变万化，解决方案也各不相同。没有人无所不知，每个人都会一时糊涂。我们的职责是意识到这一点，如果错误与我们相关，那么就要表示歉意，并且坚持每天努力帮助那些依赖我们的家庭。"唯一的真正的错误是知错不改"，我记不清谁说过这句话，但是我认同这一说法。我们需要有勇气去开诚布公地表明观点，努力去帮助别人——即使事后三思觉得并不尽善尽美！幼儿的家人们需要我们真心实意地帮助他们，引导他们承担起养育子女这份重要的职责。

基本的指导原则

我们从哪里开始呢？本书会提供一些经得起检验的、有针对性的策略，供你与幼儿交谈时使用，其目的不是要告诉你在指导幼儿的时候应该怎样去做。这些策略来自教师、著作、课堂以及与我分享信息的幼儿。感谢他们与我分享，我得以把这些观点集合起来分享给读者。下面这些基本的指导原则可以帮助你更为清晰地思考你与幼儿在教室里进行的交谈。你的交谈会成为你所教育的幼儿习得语言的组成部分。以下建议来自不同地方的多位教师。你会知道哪些建议适合你的教学风格，符合你的学生的家庭情况。

- 在说话之前要确保幼儿注意力集中。把手温柔地搭在她的胳膊上也会有所帮助，当然，这取决于幼儿个体以及当时的情形。幼儿千差万别，有些幼儿不喜欢被触碰，有些幼儿在专注地听讲时并不进行目光的交流。对于运用语言、加入新的集体或者逐渐了解别人（幼儿、家长、同事）来说，放慢速度是个好办法。它有利于思考、做决定、休整、重新安排教室里的区域，以及解决冲突。许多人一定记得，在开车时别人无法给我们打通电话的情景，而且回想一下当年，等炉子上的水烧开是唯一可以泡茶的方法！现在，我们可以把茶胶囊放进咖啡机，几秒钟之后就可以喝到我们喜欢的茶了。我们可以同远在其他州的家人和朋友发电子邮件或者短信，瞬间确定旅行计划。医师可以在几分钟之内把实验结果从波士顿传送到洛杉矶。所有这些都使生活变得更加便捷，但是我们不能把这种高效的即时性转用在人的成长或者人际关系上。信任的建立需要时间，友情的培养需要时间。大多数婴儿在会走路之前先学会爬，在开口说话之前先牙牙学语。我们这些与成长中的幼儿打交道的教师，需要不断地向那些愿意听我们说话的人重复这一信息，即童年期是一次旅行，不是一场赛跑。现在，越来越多年轻的社会学家、心理学家、内科医生、哲学家和体育专业人士都在共同呼吁"放慢速度"，这让人倍感欣慰。

- 与幼儿交谈的时候要一直与其保持同一身体高度。如果坐在地板上或者蹲着让你感觉不舒服，那么可以准备一把椅子。如果你身高60厘米，那么身高1.8米或者1.5米的人看起来就会像巨人一样。我们都知道，说话的腔调、面部表情和目光交流都会在一定程度上促进或者妨碍语言交流。虽然这都是一些小事情，但是我们这样做可以在很大程度上提高与幼儿交谈的影响力和效果。

- 使用简单的词语和短的句子。避免使用习语和缩略语，要尽可能清楚地表达你的意思。

- 讲话不要犹豫不决、含混不清。如果你的意思是"不"，就要说出来；如果你说了"不"，就请说到做到。此时，你的说话腔调、面部表情和肢体语言与你正在使用的词语要保持一致，这一点非常关键。

- 如果没有疑问或者不能选择，就不要使用问句或者提供可选项。要让幼儿清楚地知道你想从他们那里得到什么。尤其要避免在指令的末尾使用"好吗"这个词，比如，"整理时间到了请收拾，好吗？"或者"请放下那个，好吗？"说"你明白我的意思吗"结果会非常不同，它可以明确你的期望。当我们说"好吗"的时候，就是在把期望变成可选项。

- 不要提问你已经知晓答案的问题。这一条适用于行为管理，同样也适用于概念习得。不要问幼儿："我们应该这样对待朋友吗？"你已经知道推搡别人不是待人的好方式，但是幼儿不知道。同样，与提问那些你已经知晓答案的有关数字、颜色及字母的问题相比，你还可以通过其他更好的方式来发展幼儿的思维能力。

- 如果必须打断幼儿的交谈，谨记要像尊重成年人一样尊重幼儿。说一些诸如"不好意思，打断一下，现在请你到读书区去"之类的话。通过亲自示范来教给幼儿说"请"、"谢谢"、"对不起"、"不客气"以及其他礼貌用语，而不是用老套的"你该说什么"这句话来盘问幼儿。

- 只有在真正有必要的时候，才发自内心地表扬幼儿。表扬幼儿的时候一定要具体，比如，不要只说："你真棒！"后面应该加上被称赞的行为，比如，"你真棒，都能把积木捡起来"。最好避免笼统的表扬，而应该评论或者感谢幼儿所做的事情，比如，"你捡起了这么多积木，辛苦你了"，或者"谢谢你捡起这么多积木。看，现在这里多么宽敞呀"。

需要讨论的问题

1. 你能否想起这样一个时刻:有一名幼儿试图告诉你一件重要的事情,但是你由于关注别的事情而错过了。这名幼儿给过你哪些可能有用的信息?你可以提问哪些问题来了解这名幼儿所关注的事情?

2. 你认为教师为什么会经常回避与幼儿谈论比较棘手或者有争议的话题?你在从事幼儿教育工作的时候,遇到过哪些难题?如果将来再遇到这类问题你会怎样处理?

3. 你会在什么时候向幼儿提问早已知晓答案的问题?你这样做的目的是什么,是管理行为、发出指令,还是了解幼儿的知识状况?你如何运用不同的方式来达到你的目的?怎样做才能提醒自己减少此类行为?

4. 你所在的地区或者幼教中心是否组织使员工对文化更加敏感的培训活动?讨论一下相同或者不同的兴趣点。你是否思考过"每一个家庭都有它自己的文化"这一事实?思考一下我们对他人所做的那些实际上我们自己并不确定真实与否的推测。是否可以专门开一次教工会议,来讨论这一与全体幼儿有关的文化问题?

5. 你所在的学校或幼儿园当前是否提供幼儿父母可能会关切和寻求解答的关于科技变革方面的培训？如果没有，你们是否有意见箱？作为一个团队，你们如何能够进行持续的学习，以满足幼儿家庭的需求？

第二章

提供指导与发出指令

在幼儿园里,教师全天都要向幼儿提供指导和发出指令,而提供指导和发出指令的方式与时间将会大大影响幼儿的理解能力及语言技能的发展。如果教师的话语含混不清,使用名言警句,或者仅仅是暗示而非清晰地表述信息,幼儿就很容易感到困惑。幼儿可能会非常焦虑或者产生反抗情绪,他们或者尽自己的最大努力安静地服从,或者抵制教师的指令,在这两种情况下,幼儿都不能掌握本该学会的东西,而且他们的情绪会影响其能力的发挥,结果是不能理解更多的信息,从而造成恶性循环,影响幼儿的小学阶段甚至以后的生活。以下是关于这一恶性循环的事例:

- 如果一名幼儿感到困惑,她可能会去推搡另一名幼儿,因为她有挫败感。
- 有的幼儿会去找不会令他感到困惑的事情来做,比如,解开和扣上鞋子上的粘扣带,借此忽视教室里正在发生的事情。

- 尽管有些幼儿小小年纪,但还是会觉得幼儿园或者学习很令人讨厌。

在为幼儿提供创造性活动的机会时,许多幼儿教师更倾向于使用模糊的语言。其原因或许要追溯到一种传统的理念——"让儿童如花朵般自然地绽放",主张教师不要对幼儿进行任何指导。我们都接受过这样的教导,引导幼儿开展创造性艺术活动的时候,教师不要画示范画,不要为艺术活动作品提供任何范例。通常这样做非常恰当,但很多时候需要清楚地向幼儿解释材料的用法,否则结果会"惨不忍睹"。而且,我们应该记住,类似给20只用纸板做的兔子在相同的位置粘上尾巴这样的工作太缺乏创意。而去参观当地画廊、去树林里散步、受邀去观察蕨类和连翘类植物,这样的活动都富有创意。

这令我想起了与"喷画"有关的一次艺术活动。活动内容包括:用胶带把剪下来的秋天的落叶的图案粘到画架上的画纸上,然后让幼儿在图案的周围喷上红色、黄色和橙色的颜料作为背景。负责这项活动的教师感到兴奋不已。她为幼儿演示怎样抓握画笔,怎样轻轻一弹在纸面上洒满斑斑点点的颜料。这是一个很好的开始,她既指导了幼儿,也向他们展示了应该做的事情。但是我们知道幼儿非常喜欢操作和试验活动,在这种情况下,这位教师还应该告诉他们哪些事情不能做。不过,这位教师认为自己已经向幼儿交代清楚了,就让幼儿独自绘画，自己去别的活动区域了。幼儿的笑声和吵闹声把这位教师再次拉回到画架旁边，她发现墙上、地板上和幼儿身上都溅满了颜料。很显然，当孩子们完全沉浸在活动中时，这位缺乏经验的教师却认为他们在调皮捣蛋。该教师为幼儿提供了参加创造性艺术活动的机会，但是在活动过程中并没有给予足够清晰的指导。

避免提供指导或发出指令不是解决问题的办法——这是不可能的。解决问题的办法包括两个方面：一方面，要注意为幼儿提供的指导或者发出的指令务必清楚，要开门见山而且非常明确；另一方面，你可以假设没有遵循指令的幼儿是因为他们根本就不理解这些指令，不知道接下来应该怎么办。

下面有一则关于类似的艺术活动的逸事，这个活动本来也可能状况频发，但是结果并没有，这是因为教师认识到幼儿可能会进行各种尝试，于是她仔细地向幼儿解释了整个活动。

罗莉老师曾经见到过一个游戏，她认为孩子们可能会觉得这个游戏非常有趣。那是一个画纹理画的游戏，创作的时候，要先用爆米花填充一条长筒袜，然后打一个结，再将颜料通过长筒袜涂抹、滚动或者点缀到纸上。罗莉老师花了点时间向孩子们解释，不能把长筒袜在空中荡来荡去、不能在纸以外的任何地方乱画、长筒袜必须打结、只能用它来涂抹颜料，等等。我对这个游戏很感兴趣，而且印象深刻。"大家都明白我的要求了吗？"她问。

这是一个如此简单的句子，然而却十分清楚。活动进行得相当顺利。但是罗莉发现，对孩子们来说，材料和绘画游戏同样有趣。也许孩子们以前从来没有用长筒袜玩过游戏，这是可以理解的。他们发现，长筒袜的质地、可拉伸的特点以及装在长筒袜里的爆米花摸起来的手感都非常有趣。在让孩子们认真画画的同时，她仔细观察，注意到孩子们对这种特殊的绘画工具非常着迷。"你们画完画，我会再装几条长筒袜。"她说，"然后，我们可以到户外去，看看你们还可以用它们来做什么。户外更宽敞，而且我们可以不用颜料。"孩子们都非常高兴。在户外，他们把长筒袜撑大，又拉又拽，用长筒袜玩传接球游戏，比赛看谁扔得高、扔得远。

在这个事例中，教师能够倾听幼儿的想法，顺应幼儿的意向，同时也能够防止在真正有趣的创造性活动中出现混乱、伤害或者失控反应。考虑到自由尝试和学习的潜在可能性，她把材料带到了另外的场地，允许幼儿用自己喜欢的其他方式使用材料。罗莉知道，如果她不详细说明用法就把材料分给他们，4岁的幼儿肯定会在室内把长筒袜荡来荡去，把颜料喷溅到墙上和彼此的身上。她知道，限制材料的使用范围是她的责任，而不是幼儿的。

令人遗憾的是，许多与我一起工作的幼儿教师认为，规则会限制幼儿的活力。不是这样的。请牢记：我们是话语意义的制造者。如果繁忙的城市中没有交通信号灯会怎样？如果告诉幼儿，为了保证安全，必要时所有活动都会停下来，那会怎么样？不会发生什么事情的。我们需要规则，需要界限，也需要知道由谁来掌握。对我们看护的幼儿来说，最后一个问题的答案是幼儿教师！

既要清楚果断，又不要过分地、专横地压制幼儿，这是一个微妙的平衡。日常生活中以身作则，幼儿教师使用话语、教材、教具和精彩的儿童文学作品时的方式，都是教给幼儿学习遵守规范的、积极的非语言方式。

发出具体的指令

帮助幼儿开始学习执行指令是学龄前教育的重要目标之一。教育幼儿遵循指令的时候，把意思表达清楚至关重要。许多教师都是先发出简单的、只需一步就能完成任务的指令，然后随着幼儿理解能力的提高，再增加指令的难度。但是，有些时候，当我们表述指令不恰当时，我们却可能认为幼儿不配合。一定要牢牢记住之前我们讨论过的几点。这里要重复一下，如果在指令的末尾加上"好吗"这个词，指令就变成了可选项。

请思考一下一天当中你需要向幼儿发出指令的那些时刻。你可能需要他们安静地围成一圈坐下来或者分享故事，也可能会让他们排队去洗手间或者去户外。我认识一些幼儿教师，他们认为，永远没有理由要求孩子排队做事情。在幼教领域，的确需要给予彼此理解和更多的灵活性。如果你所在的班级资金充裕，两位教师看护10名幼儿，教室里就有洗手间，那么你的要求和指令会与在一幢容纳从学前班到六年级的学生、洗手间在走廊尽头的教学楼里工作的一年级的教师有很大差别。教师助理不在的时候，日常工作也会不同。你还可能会让幼儿以某种特定的方式使用新教具或者教学用品。无论哪种情况，你的指令越具体，你与幼儿就越有可能达成目的。遗憾的是，教师发出的许多常见指令——那些我们甚至没有经过思考就说出的指令——非常不具体，不足以让幼儿理解。而且，许多教师的指令还涉及幼儿尚未习得的一些抽象概念和社会规范。

比如，你是否听到过教师要求幼儿"坐好"？这个词语非常模糊，对不同的幼儿和家庭来说意义不同。而且，"好"是一个抽象概念。幼儿只能理解字面意思，他们需要大量的时间、经验或者某种直接指导去内化抽象词语的含义，如"出色的"、"好的"、"乐于合作的"、"友好的"或者"友善的"等。同样，我们都在不断地成长，从家庭、学校、社区或者文化群体中的成年人那里学习诸如"友好"、"明智"、"滑稽"、"刻薄"等重要概念或者相关特征。没有唯一正确的方式。

有时候，老师们听到"没有哪种方式绝对正确"会很忧虑。很显然，对于在用杯子喝水时不让水洒出来这样的事情，确实存在正确的方式。这需要花时间来学习，然而无论什么时候，用杯子喝水都有洒水的风险。乐于接受新方法、犯错误、从错误中学习、接受不同的看法，对热情的终身学

> 幼儿只能理解字面意思，他们需要大量的时间、经验或者某种直接指导去内化抽象词语的含义，如"出色的"、"好的"、"乐于合作的"、"友好的"或者"友善的"等。

习者来说非常关键。因此，向幼儿发出指令的时候，一定要简洁而具体，比如："小屁股要坐在椅子上，不能碰到别人。请保持安静，这样大家都可以听到故事、看到图画。"

以下这些习惯用语是教师们经常使用的。我相信，在最近的 24 小时里你一定听到过其中的一部分！

- 要友好。
- 要乐于合作。
- 要有礼貌。
- 请安静下来（quiet down[1]）。
- 小脚走起来（walking feet[2]）。
- 要注意认真听（listening ears[3]）。
- 不要出声（inside voices[4]）。
- 看着我（eyes on me[5]）。
- 小心点儿。
- 要注意安全。
- 请坐（take your seat[6]）。
- 还有 5 分钟（five more minutes[7]）。
- 用话讲出来。

---

[1] quiet down，字面意思是"安静向下"。——译者注
[2] walking feet，字面意思是"走路的脚"。——译者注
[3] listening ears，字面意思是"听声音的耳朵"。——译者注
[4] inside voices，字面意思是"里面的嗓音"。——译者注
[5] eyes on me，字面意思是"眼睛在我身上"。——译者注
[6] take your seat，字面意思是"拿你的座位"。——译者注
[7] five more minutes，字面意思是"更多的 5 分钟"。——译者注

如果不加以解释，以上词语对幼儿是没有意义的。即使我们已经解释过一两遍，幼儿仍然需要教师不断地重复解释才能学会。比如，杰弗里刚刚使用公匙吃了菜，然后又把公匙放回到碗里，对他来说，一句"那样不礼貌"没有用。即使使用正面的语言，比如，"吃饭的时候要讲究餐桌礼仪"，这样的指令也不能帮助杰弗里明白老师的期待以及他应该怎样达到要求。然而如果教师说："杰弗里，请记住，大勺子是公用的。我们只是用它把食物盛到我们自己的盘子里，然后再把大勺子放回碗里，让别人用。"那么教师就在以杰弗里可以理解的方式教给他在学校吃午餐时关于餐桌礼仪的基本知识。在杰弗里真正掌握"公匙"这个概念之前，教师可能需要重复解释许多次，而且杰弗里在此之后也需要多次练习，才能够正确地遵守这个餐桌礼仪。当教师对杰弗里进行具体而明确的指导时，餐桌礼仪教育就已经开始了。对幼儿教师来说，告诉幼儿"在学校里我们就要这样做"非常重要。要向幼儿解释清楚：不同的家庭、餐馆、文化环境、国家和来自不同国家的奶奶/外婆都有各自的用餐礼仪。我们并不想暗示，学校里的做法就是唯一正确的方式。大多数幼儿教师永远都不会这样说，但是有时候说的话隐含这样的意思。

遇到以下情形，教师和幼儿父母可以选择类似下面的这些说法：

- "我们现在在一个狭小的空间里。要小声说话["小声"这个词要低声说出]，而不是大喊大叫。"

- "拉着我的手。我们要穿过马路。"
- "马蒂亚斯，你看起来困了。你不用跳舞了，休息时间差不多到了。"
- "你想跑步，但是走廊的地板仍然有点儿湿，为此你一定很失望，那就慢慢走吧。"

幼儿教师经常会主观地认为幼儿理解了一些实际上他们并不理解的基本概念。三四岁的幼儿只能理解字面意思。在幼儿教育工作中，不要轻视任何一个与语言运用有关的严肃问题，你可以想象一下幼儿的思维。"我该把我的座位拿到哪个地方呢？""怎样才能把我的眼睛放到她的身上，我不想那样做！"许多三四岁的幼儿还没有"5"的概念，所以"还有 5 分钟"或者"还有 5 瓣橘子"这类表达很可能会增加幼儿的困惑，而不是使表达更加清楚。

许多幼儿刚来幼儿园的时候根本不懂怎样使用剪刀、胶水瓶，或者怎样用水壶倒水、怎样骑三轮脚踏车。学年开始时，教师在评估幼儿能力的时候会考虑到这些技能。与此同时，教师也经常认为，幼儿应该懂得"不要出声"是怎么一回事，懂得配合、分享、整理、洗漱以及日常生活中的大量其他简单的任务是什么意思。为了帮助幼儿理解教师的话语和常规活动，我们需要解释清楚我们的话语以及说这些话的目的。比如，在说"整理时间到了"这句话后，教师可以再多说一句"意思是，要把所有的东西都放回原处"或者"游戏时间结束了，我们需要把东西都收起来"。重复可以产生一种模式。我们在看护幼儿时应该这样做。

如果我们每周都用不同的句子来表述同一件事情，就可以帮助幼儿赋予不同的话语以相同的意思。使用多种话语来表达意思与使用过多的话向幼儿解释一个简单的观点是有区别的。我们都听说过这样一个古老的故事：一名幼儿提出了"我来自哪里"的问题，教师与幼儿进行了长时间的有关性教育问题的讨论，然而这名幼儿只是想知道他的出生地。这种做法不是本书提倡的。相反，我建议幼儿教师要有意识地进行清晰的表述，以便拓展幼儿对周围世界的理解。我们的任务是评估一下是否已经清楚地表达了自己的想法。每一名幼儿都是独特的个体。我们需要观察自己看护的幼儿，请幼儿的父母帮助我们了解幼儿在家中应对如厕、吃饭、睡觉以及其他活动等问题，并且询问幼儿是否明白我们的意思。如果我们问幼儿，老师是否已经明白了他们的意思，幼儿通常非常乐意帮助我们。我们不能只是抛出一条规则，然后期待幼儿理解和服从；也不能采用老办法，认为幼儿不必学习负责或者规则。那些在资金充足、师资良好的学校中工作的教师要谦虚地对待同行们肩负的重担，不要认为他们的规则和做法不恰当。两位教师领着8名幼儿悠闲地去上厕所——一位教师在前面领着，另一位教师在后面跟着，这很容易做到；一位教师带领18名幼儿去位于另一楼层的洗手间上厕所，这是非同寻常的"历险"，需要让幼儿弄清楚排队是怎

> 如果我们每周都用不同的句子来表述同一件事情，就可以帮助幼儿赋予不同的话语以相同的意思。

么一回事。许多项目中的教师很少有机会与幼儿的家人见面。在这种情况下,我们会尽力而为。当可以接触到幼儿的家人时,我们可以向他们解释,我们对幼儿了解得越多,就越能更好地满足他们的需要。我们如果了解幼儿,通常也可以满足幼儿父母的需求,这样做可以让他们的孩子更加轻松地与我们相处。

怎样才能在实际教学中清晰地表述呢?上周,我对自己指导的一个班进行了常规探访,下面的这个故事就来自这个项目,它会告诉你应该怎样做。我在教学楼里只待了几分钟,就听到一位教师大声说:"我需要听到安静无声!"我看到一名3岁幼儿的脸上露出困惑的表情。我几乎可以听到他的心声:"你怎样才能'听到'安静无声呢?"

我继续沿着大厅向前走,停在了这位教师所在教室的外面。这位教师正在把幼儿集中起来开展集体活动。"等大家都坐好了,我就开始讲故事!"她说。孩子们继续在教室里晃来晃去,教师看到后更生气了。最后,配班教师说:"来吧,孩子们,我们需要双腿交叉(crisscross applesauce)坐在这儿。"听到配班教师发出的更加具体的指令,大多数孩子都迅速盘起腿坐下来。但是,我也注意到有两名幼儿不明白"双腿交叉"是什么意思。

这位教师开始了她的集体活动,讲述《绿鸡蛋和火腿》(Green Eggs and Ham)的故事。孩子们像往常一样,立刻开始了评价:

"其实没有绿鸡蛋。"

"有的，就像你的复活节篮子里的鸡蛋一样。"

"那不是真的鸡蛋。"

"就是。"（声音更高一些）

"不是！"（声音比对方更高）

这时，教师打断了他们的讨论，说："不要出声。"孩子们不理她，这位教师的音量更高了。"不要出声！"她大声地说，"我们需要回到故事中去！"孩子们再次安静下来。但是，很显然，还有几个孩子仍然在思考绿鸡蛋以及它们是否真的存在的问题。

在故事的结尾处，这位教师问："发生了什么事？"

孩子们齐声回答："他喜欢绿鸡蛋和火腿。"

这位教师笑容满面地说："所以，你们看，我们应该经常出于礼貌尝一尝原本不想尝的东西，因为我们得尝试一些东西。如果从来没有尝试过，我们就不能说不喜欢。"这个结论几乎与故事没有任何关联。

这时候，我开始思考一些问题：

- 这位教师的工作任务是让幼儿在用餐时间多吃点吗？
- 什么是"出于礼貌尝一尝"？如果你说"不要了，谢谢"，意思不就是说你不想要了吗？为什么突然从幼儿喜爱的故事中跳转到"出于礼貌尝一尝"上来了呢？
- 当教师说"不要出声"时，幼儿有没有明白老师的意思呢？（我没有看到任何可以表明他们听懂了的迹象。)

- 如果教师的意思是说"请坐下,并且要盘起双腿",为什么非要说"crisscross applesauce"(交叉苹果酱)呢?

在这个事例中,这位教师没有关注幼儿对绿鸡蛋的不同看法,从而使幼儿错失了在这种情形下学习的机遇。我们将在后面的章节探讨这个问题。尽管如此,现在请思考一下这位教师向幼儿发出的指令与她对幼儿行为的期望之间的区别。你能否想到更多的具体方法来表达这些指令?假如这位教师清楚地表达了她的期望,那么这次讲故事活动会有何不同?对于幼儿了解教师在讲故事时对其行为的期望,以及他们学习语言和故事内容又会有何影响?

还有一个案例,让我们看看教师做了什么令教学效果更佳。

新英格兰的教师需要应对漫长的冬季。寒冷的风雪天气严重地限制了幼儿园里充满活力的幼儿,孩子们只能在狭小的室内空间开展跑步、骑车、投球等活动。如果某家幼儿园非常幸运,在教学楼上还有一间宽敞的大肌肉运动室,那可要花时间去考虑一下应该怎样好好利用它了!

当凯西老师第一次把班里的幼儿带到那里的时候,他们每个人都很兴奋。在幼儿离开教室之前,她已经交代了安全、轮流玩和朝向同一个方向骑三轮车等注意事项。当她认为所有问题都交代清楚后,全班幼儿开始动身前往目的地——穿过大厅,走下楼梯,再到那个大房间。孩子们兴奋地尖叫着,互相推搡着抢三轮车。体格最健壮的孩子赢得了这场疯狂的赛跑，抢到了三轮车。凯西感觉有点儿泄气。"我是不是应该在交代安全问题之前先带孩子们下楼？"她问自己，"在只有8辆三轮车，却有17个孩子的情况下，我该怎样处理这些三轮车？在我还没来得及做任何事情之前，孩子们就已经奔向了三轮车！"

凯西对此感到沮丧和无助，我们讨论了这件事。她没有说"就此打住"或者"绝对不可以"，也没有立刻集合所有幼儿说："这样做可不是我们的计划！"在我们交谈的时候，她还没有意识到她确实没有做任何事情来重新指导幼儿。她认为，这一切都太晚了。作为幼儿教师，我们可以在认为必要的时候，利用我们的教师地位去改变事件的进程。我们可以结束讲故事的活动、艺术活动或者游戏，然后说："这样做行不通。"如果进展得不顺利，即使是计划内的活动，我们也不必继续进行下去，我们常常会忘记这一点。我记得，很久以前，约翰·杜威曾经说过类似的话：这就是幼儿的世界里需要成年人的原因！［参见约翰·杜威著名的教育宣言《我的教育信条》(*My Pedagogic Creed*)，最早发表在《学校杂志》(*The School Journal*)上。］

凯西老师采纳了这个观点，花时间考虑了一下入场的策略。她的主意非常棒，她建立了一个"汽车租赁亭"，里面有车票、收银机，甚至还有一个加油泵。租车用的车票上有孩子的姓名，而前8张票在楼上集合的时候就已经分发下去了。这些幼儿知道有了这张票，他们就有了"驾驶权"，一到大肌肉运动室他们就可以去骑车了。另外的加油泵、租车业务和收银机吸引了其余的孩子，这样，三轮车就不再是孩子们唯一的兴趣点了。凯西制作了禁止通行和单行标志，还交代孩子们骑车的时候要听从指令。通过一点儿额外的努力，再加上大量的细致思考，她把混乱的比赛变成了有意义的学习和游戏时间，包括教师在内的每一个人都非常享受这段时光！

语言与问题解决

帮助幼儿理解周围的人和人际关系，帮助他们学会在集体中与别人相处，这是幼儿教育中最重要的工作之一。教师通过指导幼儿在实践中练习与别人讨论自己的需要和愿望以及共同解决问题，支持幼儿的社会性发展。非常遗憾的是，教师经常会把"用话讲出来"这句话作为万能用语。幼儿对语言和人际关系没有太多的经验，对他们来说，这句万能用语是不够的，因为幼儿不能获得解决问题时所需的足够具体的信息。当说了一些话不起作用时，他们就不知道该用哪些词语或者怎样做、做什么了。贯穿本书的始终，我们将讨论多种语言、民族、家庭传统以及方法的影响，希望这些方法可以在长时间内满足幼儿的要求。

幼儿通常是因为困惑、挫败感或者仅仅是因为不知道要做什么才会打人，很多时候，幼儿教师则会把幼儿打人视为行为问题。当教师对一名幼儿说"我们应该那样对待朋友吗"时，她就把幼儿和她自己置于更多的困惑之中。这个问题违背了与幼儿交谈的最基本的指导原则之一：不要提问你已经知晓答案的问题。我们成人知道，想让别人给自己让路的时候，推人不是正确的方式——即使对方不是我们的朋友，也不应该这样对待他。但是，学龄前儿童对周围的世界感到相对陌生，并不一定懂得这一点。即使从理论上懂得，他们也常常不知道要做什么或者没有解决问题的经验。我们的工作就是教会他们，教师必须认真教给幼儿为人处世之道。所有幼儿教师必须记住重复在学习中所起的作用。只说一遍是不够的，对学龄前儿童来说，有时候20遍也不够！

当一名幼儿为了让另一名幼儿让路而推人时，教师可以这样说："法蒂玛，告诉亚当，他挡了你的路，请他挪动一下。"或者说："亚当，告诉法蒂玛，你不喜欢她推你。问问她想干什么。"这样的做法会更好一些。这样做就可以向两名幼儿解释清楚推人不是解决问题的办法；也为他们提供了机会，让他们使用语言去告诉别人自己的感受或者需要，同时也提供了可以使用的具体语言。这些生活技能对我们每个人都很有必要。如果3岁的亚当挡住了3岁的法蒂玛骑车的路，法蒂玛自己不会认为把亚当推开是令人讨厌的行为，因为她觉得这样做事出有因：她需要移动三轮车。（或许她的经验告诉他，一旦空出场地，就可以骑得很快！）这时，需要有人帮助她懂得：不能仅仅因为自己的需要就去推别人。不要指望，在教师指导他们练习如何在集体中得到自己需要或者想要的东西之前，幼儿能够自发地懂得推人是不对的。与幼儿的父母讨论这一问题也会有好处。对大部分幼儿来说，学校或者看护中心是他们第一次体验与很多幼儿相处的地方，在这里，并不是所有的东西都是每人一份。学会等待是一种可以教授的技能，不是自然而然的发展阶段。我经常在家长会上听到关于幼儿的讨论，他们的父母似乎并不想知道自己孩子的真实状况。("真是难以置信，因为她在家里从不打人。")通常幼儿的父母不会去想自己的孩子与其他幼儿在一起时会是什么样子。家里或许不会有其他幼儿！幼儿、幼儿的父母、教师，我们大多数人在家里和在公共场合的行为截然不同。所有的幼儿教师都要记住和承认这一点，这很重要。

第三章将深入探讨误将教育问题当成行为问题的话题。但是，现在要讨论的问题是：在幼儿能够正确地使用语言处理问题之前，我们应该明确地教给他们如何通过使用语言得到他们需要的东西，并且让他们进行大量的练习。没有我们的帮助，他们可以长高，但是社交水平不会自动提高。

曼蒂在一个"早期开端计划"项目工作，负责规划和教授社交活动。这个班的幼儿平时在家进行教育，每周会有一天的集中学习时间，以便家长们、孩子们进行互动交流。曼蒂去找园长，要求增加人手，因为她觉得在组织集中学习活动的时候，教室里乱哄哄的。这个班的成员包括6周到2岁大的孩子，还有他们的父母。教室很大，容纳这么多人没问题，但是曼蒂觉得，年龄

> 在幼儿能够正确地使用语言处理问题之前，我们应该明确地教给他们如何通过使用语言得到他们需要的东西，并且让他们进行大量的练习。

稍大一点儿的幼儿太活跃了，婴儿们待在教室里不安全。

园长视察了她的班级，发现曼蒂陷入了典型的将教育问题当成行为问题的误区。曼蒂的计划涉及如何开展活动和运用材料，但是不包括帮助幼儿理解幼儿园的规章制度。因为幼儿的年龄太小，每周只来幼儿园一次，所以曼蒂认为，不太可能告诉他们老师的期待或者教给他们学习的方法。而且，在幼儿父母在场的情况下，她不知道如何指导幼儿。

园长和她一起为幼儿的父母示范了成年人应该具有怎样的行为。之后，曼蒂开始与学步儿交谈，一次两个人。她和他们谈论了婴儿，说："小宝宝还不会给我们让路，因为他们还不会走路。"她继续简明扼要地告诉学步儿，他们必须留意自己要去哪儿。她惊奇地发现，学步儿很快就有了"保护"婴儿的意识。曼蒂认识到，自己与学步儿交谈得还不够多，他们需要我们不断地重复说话的内容。她经常对学步儿说："当心小宝宝。"每次介绍活动的时候，她都会向学步儿发出更加具体的指令，她会这样说：

- "要把三轮车停放在教室的这个位置，不能把车子放在地毯上。"
- "要把橡皮泥放在桌子上。"
- "积木是建房子用的，豆子袋是玩抛接球游戏用的。"

曼蒂还改变了教室的格局，用家具来设置屏障。她创设了就坐区域，婴儿及其父母可以坐在地板上，同时也不会妨碍学步儿的活动。所有这些策略都对一天的集中学习有很大的影响。曼蒂发现，幼儿的父母很快也开始效仿她的做法，说："当心小宝宝！"对她来说，这是额外的收获。而且，后来有一天，当18个月大的阿米莉娅做好准备，要扔豆子袋的时候，2岁的尤里将一只手搭在她的胳膊上，说："当心小宝宝！"兴奋的学步儿踩到小婴儿的事还是时有发生，但是以上案例表明，如果幼儿教师考虑周全，一遍又一遍不停地重复，那么就会促进幼儿的成长！

我们总是希望自己的方法可以同时解决事故中涉及的两名幼儿的问题。当年龄小一点儿的幼儿因为被踩到而受伤的时候，我们很容易因急于赶过去照顾小一点儿的幼儿，而忘记那个踩到别人的幼儿也会因为被踩伤的幼儿的哭声和当时的情形而感到惊讶和害怕。他们都需要我们的关怀。

提　　问

缺乏考虑的提问会给教学带来许多问题。一个司空见惯的现象是，教师使用了一个含有选择意味的问句，而实际意思并非让幼儿做出选择。比如：

- 请问你愿意把那里清理一下吗？
- 你想现在去户外吗？
- 你想出于礼貌品尝一下吗？
- 现在你想分享秋千吗？
- 你不认为你应该抓紧把手吗？

在以上的案例中，教师期待幼儿能够听从指令，但没有表达清楚。如果能够避免使用这种根本就没有选择余地却又含有选择意味的问题，就可以减少幼儿的挫败感。如果没有选择的余地，最好使用以下表达方式：

- 需要我帮你把洒出来的牛奶清理干净吗？
- 现在我们要去户外。你可以自己穿上外套，也可以让我来帮你穿。
- 我得在你的盘子里放几粒青豆，如果不想吃，你可以不吃。
- 我来定好计时器，等到它响起来的时候，就该轮卡尔荡秋千了。
- 如果不抓紧把手，你必须从蹦床上下来。我会帮你找安全的事情来做。

如果教师表述不清楚或者故弄玄虚，幼儿就会感到困惑，有时候还会生气。如果需要他们听从指令，教师的语言一定要清晰（在可以选择的时候，要为他们提供真实的选项），这样做既可以表达我们的情感，又可以让我们在幼儿园里的生活变得更加轻松。

以下指导原则和"小窍门"将有助于教师发出清晰的指令：

- 表达要清晰、明确。不要使用名言警句或者抽象概念（比如，"要友好"）而不做任何解释。
    ▶ "塔耶想跟你一起玩。你想一个人玩。你可以说

'现在不行',然后带着你的卡车去那边玩。"(说话时指着一个不拥挤的开阔空间)

> "讲故事的时间我们过得不愉快。我们打算尝试一些新做法。大家都坐在这些小方地毯上吧。或许这样能够为彼此留出足够的空间,可以看到书上的内容。如果你们做不到,我们就去试试别的活动。"这是一个让幼儿想办法的大好时机!

- 表达要具体。牢记幼儿只能理解字面意思。

> 上午去野外考察的时候,如果我们说:"我可以感受到空气中充满了欢快的气氛。"许多幼儿会抬头往天上看!最好的选择或许是说:"快乐的声音,忙碌的孩子们。要去农场了,我们很高兴。"

> 如果我们说:"你可以帮助他吗?"(give him a hand[1])幼儿可能会看看自己的手,然后说:"不可以——它是我的!"

- 表达要直截了当。简单明了地告诉幼儿你的期望。

> "现在开始把球放进袋子里。我们要去吃午饭了。"

> "我们要去户外。穿外套的时间到了。詹妮,穿上你的夹克。你可以自己穿,也可以让我来帮你穿。"

- 如果希望幼儿服从指令,那么就要使用陈述句而不是疑问句。如果幼儿没有选择权,就不要向他们提供选项。

---

[1] give him a hand,字面意思是"给他一只手"。——译者注

▶ 说"你准备好吃午餐了吗"不能让忙忙碌碌的幼儿到餐桌旁边去。说"去往餐桌的路上我会拉着你俩的手。我们现在要去吃饭！"是可以的。

▶ 如果在后面加上一句"好吗"，期望就变成了可选项。可以这样说："我们需要收起一些积木。没有地方可以搭积木了。"

所有幼儿教师都要花时间来学习，并且反复练习。

现在，值得庆幸的是，我们拥有大量优秀的儿童图书，这些图书基于年龄的适宜性，讨论在人生旅程中我们感受到的许多情感。聆听贴近现实的故事，运用简单的语言，对于缓解以下情形带给幼儿的冲击是有帮助的：父母离异、祖父母去世、给刚出生的弟弟妹妹腾地方、在校车上被欺负、搬家、住所迁至乡下。有时候，尽管教师拥有丰富的图书资源，却只是在幼儿经历亲人去世、离婚或者小婴儿刚出生的时候才使用。定期向幼儿及其家人"传授"喜怒哀乐、嫉妒、恐惧、欢呼雀跃等生活的不同方面，努力将之融入幼儿的日常生活，让幼儿明白生活中所有的可能，这也是幼儿教师的职责之一。

需要讨论的问题

1. 你认为为什么幼儿教师会对直接向幼儿发出指令感到犹豫不决？

2. 分享一个因为你发出的指令模糊不清而导致活动进展不顺利的案例。
3. 哪些因素会妨碍我们清楚地表达对幼儿的期望？怎样才能消除这些障碍？
4. 向部分幼儿而不是全体幼儿发出指令时，你会怎么做？当有幼儿问"为什么我必须这样做，而她却不用"时，你怎样回应？
5. 在与家长分享课程领域中复杂精细却十分重要的内容时，你遵循的原则是什么？

第三章

纠正行为

行为指导是儿童早期教育中研究最多的话题，催生了许多专著和方法。然而，教师们似乎永远觉得不够。我探访过的大多数幼儿园和小学低年级仍然每天要设法应对幼儿的行为问题。大多数教师声称，每天应对幼儿与环境之间以及幼儿相互之间的互动是最辛苦的事情。这一问题始终存在的原因之一，是教师倾向于将发展问题或者教育问题当成行为问题。当幼儿利用他们所知的信息尽力做到最好时，教师却往往认为他们是在调皮捣蛋。

为了给幼儿的行为设定合理的期望值，理解幼儿的发展状况至关重要。耐心比我们通常认为的还要重要。有时候，将幼儿的社交行为与他们的认知或者肢体行为相比较，会对我们认识问题有所帮助。为年龄较小的幼儿朗读的时候，我们并不期待他们能够逐字逐句地复述故事。当他们学会了翻页或者能从插图中辨认出熟悉的物体时，我们会激动万分。

当婴儿学会走路时,我们会为他们晃晃悠悠的每一步感到兴奋。当学步儿跌跌跄跄、一次又一次摔倒时,我们会很乐意帮助和鼓励他们。然而当涉及打人、咬人、踢人和抓人(婴儿阶段的亲社会行为)时,我们却非常缺乏耐心。我们会使用"困难"、"棘手"、"频繁"之类的字眼。很少有教师把幼儿最初接触纸质书的经历说成"频繁地撕书",或者把幼儿不断尝试站立起来的行为说成"困难"。在幼儿发展的其他领域,我们更有耐心,更少感到失望,对于发展过程的担忧也少得多。当然,这是有原因的。我们的工作是确保幼儿的安全,打人、踢人、咬人、推人和抓人都会增加幼儿的风险。

接受权威

莉莲·卡茨(1977:18)认为,"幼儿需要与这样的成年人在一起:这类成年人因为拥有更多的经历、知识和智慧而接受自己的权威地位。这一观点基于以下设想:无论是父母还是教师,都要避免陷入极端权威和极端放任的境地。"四十年之后的现在,我们似乎仍然举棋不定。我所认识的大多数教师都在设法与幼儿谈论行为问题,他们很矛盾,他们希望与幼儿的谈话能够产生效果,可以帮助幼儿学习积极的互动策略,但是他们不想当指挥者,不想接受自己的权威地位。

我曾花费很长时间调查教师们心存犹豫的原因。以下列举了他们的部分回答：

- 我们不应该阻碍幼儿创造力的发展。
- 2—4岁的幼儿具有攻击性是可以预见的，这是幼儿发展的必然阶段。
- 害怕会做错。
- 在大学里，我学到的是永远不要对小孩子说"不"。
- 我不想成为"刻薄的老师"！
- 我不确定什么时候应该发出指令、什么时候不应该。
- 我们都有自己的想法，但是学校管理者并没有给我们共同反思的时间。

在我成长的年代里，成年人通常并不重视细致地对待幼儿的情感需求或者行为。当幼儿不能拥有他们想要的东西或者不能做自己真正想做的事情时，他们就会非常生气，对于那些担心幼儿有生气情绪的人，我深表同情。但是我也相信，杜威和卡茨做出的论断是正确的：我们是成年人，做主导者是我们的职责。我们有时候是否也会打错电话？当然会。那样做会毁掉一个孩子的一生吗？不大可能。在一个理想的世界里，我们的生活中完全没有冲突；我们不会打架或者拿走别人的东西；我们不会给别人起绰号，伤害他们的感情。但是，即使我知道朝游戏场地对面的幼儿大声喊叫是不好的，但是如果我的目的是确保某个幼儿不会被年龄大一点儿的幼儿扔过去的球击中后脑勺，那么我还是会大喊！

在2014年《国家杂志》(The Nation)刊登的一篇文章中，

米切尔·丹泽尔·史密斯（Mychal Denzel Smith）概括了近年来许多研究领域的观点，其中提到了已经在许多不同场合讨论过的美国教育部办公室的民权报告，报告指出在美国被幼儿园开除的学生中，黑人学生和男生所占的比例极高。他们也注意到这样一个事实：女生通常会因为说话声音太大而被开除，尽管她们没有违反学校具体的校规校纪。当公众开始关注这些文章时，大家都感到很惊讶，不知道为什么这么小的孩子会因为行为问题而被开除。我们早已讨论过，大家普遍认为，幼儿园是幼儿学习期望行为的地方。那么，扪心自问，怎么能够因为不到5岁大的幼儿还不了解社会对他们的期待、没有遵守行为规范而将他们开除呢？

在此，我大胆地声明：那些不知道如何应对这些行为的公立幼儿园的教师以及小学教师，之所以不知道如何应对，通常是因为他们并没有接受足够多的关于儿童成长与发展方面的教育。（在涉及基础教育认证而非早期教育认证的时候，我感到我比一些同事更有底气，因为我多年以前就两项认证都通过了。）我曾观察到这样一个例子，毕业于早期教育专业的老师，在没有配班老师的情况下，成功指导班上讲着七种语言的幼儿，为九个幼儿制订个别化教育计划，应对与发展适宜性指导方针不太匹配的州教育指导方针，同时能够做到让班上的22名幼儿感到安然无虞。了解对幼儿的期待并不意味着更容易满足他们的各种急切的、麻烦的、紧急的或者身体上的需求。然而，那些懂得这就是4岁幼儿应有的样子的教师，比那些只接受过教学法培训的教师更有优势，后者在幼儿园的生活呈现出它的真实面目时，只能求助于人类发展与学习以及心理学入门等知识。我相信，面对这种情境，早期教育工作者和基础教育工作者都会感到痛苦，希望情况会有所不同。许多接受过早期教育培训的教师向我坦承，他们走进小学的时候有被轻视的感觉，因为他们被认为还没有做好从教的准备。同时，许多小学教师承认，他们感到自己不知道如何指导幼儿的行为，他们羡慕那些接受过早期教育培训的教师。

显然，我们面临的开除和暂时停学的挑战远不是通过在某地开设教师预备课程就能轻易解决的。然而，我们可能一直都在忽略某些进展的关键所在。我在新罕布什尔州的教育委员会任职期间，当谈到4岁和5岁的幼儿会被暂时停学或者开除的话题时，地区负责人感到惊讶甚至怀疑，他们的这种反应让我印象深刻。他们说很难雇用早期教育专业的毕业生，因为人事变动时，他们很难在整个系统内部流动。这些地区的学校管理者承认，很难让教师从学前班一直教到三年级。尽管许多人承认并没有进行正式的离职谈话，大多数离职教师比较随意地谈道："幼儿的确太难对付了。"然而，持有早期教育学位的小学教师（这位教师要求我不要提到她的名字）经常会被同事告知："你教的都是容易对付的孩子！"实际上，仅仅是因为该教师知道如何教育这些幼儿。她了解儿童的发展，知道如何管理幼儿表现出来的各种行为。事实上，没有专门的早期教育背景的教师总是理解不了他们的同事所接受的培训与幼儿的积极行为之间的关系。对任何一个人来说，这都是非常悲哀的事情。如果教师懂得儿童的发展和发展适宜性课程，那么所有相关人员的工作就会变得更加顺利，幼儿及其家人也会取得更好的成就。这一点不仅是普遍存在的看法，而且已经被多年来的调查研究充分证实。

作为教师，我们都应该肩负起自己的责任。如果有时间去思考当时的处境和可以选择的词语，我们都应该三思而后言。有时候，我们两者都做不到，但是也要竭尽所能地去做好。那么，当问题解决以后，我们可以再回到这个话题上，告诉幼儿："我希望，我的大声喊叫没有吓到你。我担心你被球砸到。我需要保证你的安全。"保证幼儿的安全并不是做刻薄的教师。幼儿依赖我们的帮助来实现社会的期望。在极少数情况下，那会意味着提高说话的音量。进一步来说，当可怕的音高很少见时，幼儿倾向于本能地回应我们所说的话。如果我们每天都朝幼儿（不管他们是几岁）大喊大叫，那么大喊大叫只能变成一堆废话，这样的废话我们已经听过太多了。

很多年前，我就听到莉莲·卡茨博士提到"思考型麻痹"（analysis paralysis）这一说法。我记得，这一说法说的是个别家长和教师身上发生的问题。她赞赏我们所有人想要幼儿做得好的良好态度，同时也提醒我们要接受这一事实，即有时候我们有太多的思索和顾虑，而这时候更应该采取行动——即使回想起来，可能会有更好的选择。

我听T. 贝利·布雷泽尔顿（T. Berry Brazelton）多次说过，在工作中接触婴儿、家庭、幼儿及其父母的时候，他们都会给他留下这样最令人惊讶的事实：他们并不孤单。他这样说的意思是：并不只是他们需要面对尖叫、吐口水、踢人、哭泣、抢东西、打人和扔东西的孩子。但是许多年轻家长面临的现实是，每天与幼儿的行为对抗的时候，他们确实很孤单，他们根本不知道如何应对这些行为。与幼儿园、学前班以及小学教师的交谈告诉我，早期教育工作者对此也深有同感。让我们来看一看其中一位教师是如何处理雨伞问题的。

我探访科琳任教的班级时正值新罕布什尔州的三月月末。在教学楼边上正在融化的冰柱下面，教师们集中摆放了几把备用的雨伞。孩子们穿着雨衣和靴子，享受着正在融化的冰和雪。在一段20分钟的户外游戏时间里，很快就出现了许多问题，比如，幼儿撑着伞跑来跑去、爬上爬下以及把雨伞当成武器，等等。科琳之所以面对这样的困境是因为在使用雨伞之前，她没有具体说明雨伞的用途，也没有限定使用的范围。在这段短暂的游戏时间内，我听到她对海莉说了4遍："不许在攀爬架上使用雨伞。"不过，海莉没有理会这句话，她可能根本就不知道科琳是想让她下来，因为实际上科琳并没有告诉她要下来。

这里到底存在什么问题呢？

- 科琳没有提前说清楚材料的用法。
- 她根本没有把自己的期望表达清楚。（比如，幼儿根本就不明白"不许在攀爬架上使用雨伞"是什么意思。）
- 科琳表达了一种观点，而且认为自己已经发出了指令。(这个指令应该是:"下来,那样不安全。")

- 科琳没有确保幼儿的安全。(海莉处在一个危险的位置,科琳本应该去制止,告诉她:"你可以爬架子或者玩雨伞,但是不能一次玩两样。你可以选择一样,或者我来帮你选。")
- 科琳一直在说"不许在攀爬架上使用雨伞",但她并没有一直跟着海莉直至她从攀爬架上下来,而是让这样的事情继续发生。

这里需要牢记一个相关的问题,即如果你多次向幼儿发出同一条指令,并且最终幼儿遵从了指令,此时说"你能下来真是太棒了"是不合适的。连续四五次不理会教师的指令,这样做一点儿都"不棒"。教师的职责是清晰地发出指令,并且要贯彻到底。如果你说"下来",而幼儿不理会你,那么就把她从攀爬架上抱下来。然后拉着她的手,微笑着告诉她,如果把伞倒过来拿,那么雨伞可以像水桶一样收集水;如果伞足够小,它还可以像陀螺一样旋转。这样一来,她就会明白,你没有因为她没有下来而生她的气,但是她知道你会保证她的安全。

在这个令人泄气的早晨之后,当我和科琳见面的时候,她说她知道自己对海莉采取的措施不够得力。她随后说的话让我开始担忧教师们的入职教育不够有效。"如果你没有在旁边观察,我就会把她从架子上抱下来,但是我想,这样做

> 教师的职责是清晰地发出指令,并且要贯彻到底。

你可能会认为我很专制！"她的解释源于大家公认的看法，即保持权威性和直截了当地发出指令似乎就是专制。我所从事的教师教育工作告诉我，这种普遍认知是对我们职业的挑战。我同意丽莲·卡茨的观点，我们应该接受自己的权威地位。如果成年人不能监护和指导幼儿，以确保他们能够明白安全要求和人身安全无虞——不管幼儿愿意不愿意，那么幼儿就会陷入困惑，或者像案例中的海莉一样面临危险。

然后，我们需要做好准备，面对幼儿流泪、跺脚或者生气。几十年来，面对诸如排队的时候单脚跳这样简单的事情，父母们（有时候甚至是教师）会这样说："快停下！"然后接着说："别摆出那副表情！"通常，"别哭了，否则我会让你哭个够"这样刺耳的话只会留在家里说。换言之，幼儿既被要求停止做那些他们喜欢做的事情，或者可以让他们快乐或者舒服的事情，又要表现出愿意停止做那些事情。如果我们让他们停下来，能料想到幼儿会有点儿生气，这是一种进步，至少在理论上是这样的。但是，当安全成为问题时，我们理应让他们停下来。下文劳里的故事向我们表明了制定规则和坚决执行的积极意义。

在下面这则案例中，这位教师接受了自己在幼儿面前的权威地位，但是既不专制，也没有随意惩罚学生。劳里所在教室的后面是田地、树林和社区小学。如此巧妙的布局为她班上的4岁幼儿提供了一个安全而丰富的户外学习环境。劳里非常理解幼儿对奔跑和独立的需求。她比我们大多数幼儿教师都幸运，她的教室所处的特殊位置允许她为幼儿提供更多的便利条件。她和小学达成了协议，当小学生们不在操场上活动的时候，她可以使用操场。劳里用照片制作了从田地到树林再到小学的路线图。一路上有几个明显的标志物——大块岩石、一棵倒下来的树、一个大树桩等。外出之前，她在集体活动时间带领幼儿认真学习路线图，告诉幼儿，他们可以一直跑到前面的大树桩那里。她说："等到大家都到达大树桩那儿的时候，你们可以继续向前跑，一直到大岩石那里。"她提醒幼儿，每个人都要找一个搭档，谁也不能单独行动。她的头脑非常清醒。每个人都独立行动，但是到达每一处标志物的时候，他们又是一个集体。

有一天，我和他们一起走了这段路程。雷蒙违反了纪律，他一个人向前跑，尽管他在指定的标志点停了下来。在第一个标志点集合的时候，劳里明确地说："雷蒙，你没有和米科在一起，我很失望。每个人都必须有一个搭档。"她说话的语气和面部表情都很严肃，她对雷蒙的期望也表述得很清楚。她又给了雷蒙一次机会，但同时也提前说明了，在到达下一个标志点之前，如果他不能和米科在一起会有什么后果。她说："如果你不能和米科在一起，在剩下的路程中我就要做你的搭档。"孩子们继续赛跑。雷蒙又一次把米科落在了后面。在大岩石旁边，劳里把孩子们集合起来，同时她紧紧地抓着雷蒙的手，一句话也没说。她宣布了下一个标志点。孩子们都向前方跑去，她坚定地要求雷蒙和她在一起。雷蒙扭来扭去，皱了皱眉头，哭起来，但后来还是接受了老师的安排。劳里冲他笑了笑，继续带着他向前跑。他们一起边笑边跑。雷蒙想要独立自主，但是他无法掌控，和老师一起向前跑的时候他感觉到了老师给予的保障——老师会尽职尽责地保证他的安全，帮助他完成任务——与他得到的保障相比，这几分钟的抗争只是小小的代价。这份保障是坚定果敢的教师在照料幼儿的时候可以给予他们的美好馈赠。

行为背后：四大因素

如果幼儿出现了不当的行为，我们跟幼儿说话的方式就是一个需要进行大量讨论和澄清的话题。这个问题是多维度的，非常复杂。我认为，在这里不妨再次引用格温·摩根（2001）关于"繁杂事物"和"复杂事物"的论述。没有简单的解决办法。我们所能期望的最好的办法就是有一个综合的工具箱，里面装满各种可以帮助幼儿在复杂的世界里生活和学习的应对策略。在幼儿行为管理过程中，当思考师幼间的交谈问题时，必须考虑以下四个因素：

- 幼儿教师。
- 幼儿的父母。
- 幼儿。
- 情境。

幼儿教师

在儿童早期教育领域，探讨纪律与幼儿的关系是一件十分微妙的事情。听听参加与该话题相关的研讨会的教师是怎么说的，就会证实这一点。"我不愿意说'纪律'这个词！"有人会激动地说，"这个词太有惩罚性了！我更喜欢说'指导'！"大家纷纷点头表示赞成。接着，教师们就会立刻开始讨论有关肯定语句的话题，认为将否定语句改换说法可以让幼儿知道应该做什么，而不是不应该做什么。

多年以前，我曾经鼓励老师们，在向幼儿发出指令的时候，要尽量多地使用肯定语句，但是现在我已经不这样做了。我认为我们对肯定语句的使用有些过头了。我们不想过多地讨论这个问题，但是老师们又一直在说他们甚至不想使用"纪律"这个词，声称儿童的行为问题从来没有像现在这样难以管理。在幼儿园里，如果除了教师温柔的微笑和不能打小朋友等模糊的要求之外，幼儿什么也学不到，这也就难怪许多机构中会出现混乱的场面了。近年来，我一直在努力让教师们重拾自己的权威。如果有幼儿想要伤害别人，教师要皱起眉头，坚定地对该幼儿说："住手！"最近，有一个同事和我分享了另一句非常有威慑力的话："绝对不可以！"当教师说这句话的时候，脸上可以配上"我是认真的"这样的表情。不要害怕接受你的权威地位。找到你自己的声音，这样你也可以帮助幼儿找到他们的声音！

许多教科书都会提供有关幼儿行为的清单，旨在帮助我们辨识自己的弱点，有时候这些弱点也被称为"危机爆发点"。我们都会有一些不擅长处理的行为问题。这些危机爆

> 我们不想过多地讨论这个问题，但是老师们又一直在说他们甚至不想使用"纪律"这个词，声称儿童的行为问题从来没有像现在这样难以管理。

发点与我们受到的家庭熏陶或者幼年所受的教育有关。有些危机爆发点会让我们畏缩不前,而有的同事观察到同一行为却能泰然处之。这类行为问题可能会是幼儿的哭哭啼啼、大喊大叫、咒骂、随便讲话或者打人。多年以前,在我教授行为指导课程时,班上的幼儿父母想知道怎样才能让幼儿守规矩。我会说:"我拿不准!"我会让他们互相讲讲最大的挑战有哪些,以及他们是如何应对的。通常,一个口齿清楚、坦率的人会代表全体父母说:"这就是我们上这门课的原因。你应该告诉我们正确的解决方式!"我只好说:"视情况而定。"这总是一个令人伤心、失望的时刻。一位母亲说,她的大儿子总是抢小孩子的东西,她不知道该怎么办。他个头比较大,总是能抢到他想要的东西。"那么,你不想让他抢东西,是吗?"我会问。"假如你教给他大声地喊'这是我的——浑蛋,离我远点儿'会怎样?"全班就会一片沉默。这是一个70人的班级!因为震惊而沉默了几分钟之后,那位班级代表会说:"嗯,我们也不想让他骂人。"我听到有人小声地表示赞同。然后,我会在黑板上写下以下内容:

问题:2.5岁的幼儿总能成功地抢走6个月大的婴儿的玩具。可能的解决方法:

- 这是在美国!胜者为王,对吗?(全班都投反对票)
- 教年龄大一点的幼儿咒骂、吓唬年龄小一点的弟弟妹妹,然后他们就会让步了。(全班都投反对票)
- 把玩具从两个男孩身边拿走,然后看电视。(全班都投反对票)

我不必继续展示我五年来讲授同一门课程得到的那些回应。我会总结一下。年复一年，到了课程结束的时候，学员们会认同以下说法：

- 他们不想让幼儿生气、伤心或者抓狂。
- 他们想让幼儿行为恰当！
- 当孩子打人、咬人或者发泄情绪（不管是针对谁）时，作为家长，他们感到无能为力。
- 他们从来没有想到过，幼儿会有这些情绪和情感，而且不知道该如何应对。
- 他们都受到过其他父母、教师、公婆或者岳父母以及超市里遇到的陌生人对他们的看法的极大影响。
- 他们深爱着自己的孩子，想把事情处理好，但是他们不知道那到底意味着什么。

我们或许不太明白其中的原因，但是无论什么时候，当问题行为（认定标准是什么）出现在教室里时，我们就会感觉自己无能为力。对所有从事儿童教育工作的人来说，这绝对是正常的，也是常见的。能够辨别出自己的弱点往往对我们会有所帮助。如果你知道自己不擅长处理幼儿啼哭的问题，而且知道希瑟用哭来回应改变、不舒服、被打扰等，那么在你自己身体不适、状态不佳的时候，让你的配班教师或同事来照看希瑟是一个不错的选择！应对这种窘境最有效的解决办法之一就是教师的反思。玛吉·卡特和德布·柯蒂斯（Margie Carter & Deb Curtis, 1994）认为，我们在上课的时候总是马不停蹄地去完成一项接一项的任务，有时候根本不花时间去讨论事情的进展或者身处其中的感受。教师在应对幼儿的困难行为以及自身的困难反应时，与同事一起进行反思确实非常有帮助。

某些受联邦政府资助的课程或者这些学校的上级领导面临这样的经济现实，教师或者社会工作者反思在日常教学中遇到的挑战被认为是在浪费时间或者浪费纳税人的金钱。在预算减少的时期，与同事一起进行的支持性反思有可能成为我们接下来可以用来支持幼儿及其家人的主要方法，此时可能需要重新考虑我们的当务之急［请参阅德布·柯蒂斯（Deb Curtis）和玛吉·卡特（Margie Carter）的著作《培训教师》(Training Teachers)，了解更多关于反思的重要性的知识］。讨论案例研究、行为以及自己对这些事情的反应，对教师来说不是一件奢侈的事情。更确切地说，这是我们竭尽全力支持幼儿、幼儿的家人以及我们自己的专业成长和发展的重要组成部分。

幼儿的父母

1999年，在一个面向斯特拉佛县"开端计划"项目的讲座中，丽贝卡与教师们分享了她在意大利从事家庭教育工作时的经历。根据她的经历，从"幼儿的父母"这一维度来看，意大利的幼儿父母并不像美国父母这么复杂，因为意大利的文化更具有同质性，幼儿的父母、教师及祖父母对"什么对幼儿有利"这个问题意见一致。与我交谈的大多数教师面临这样的事实：他们所照看的幼儿的父母对幼儿的期望有很大的差别。教师们告诉我，有的父母不想让任何人纠正他们的孩子。这些父母认为，他们的孩子还太小，理解不了这些限制，而教师的指导会扼杀孩子的天性。同样是在9月份入园的这个班里，一个幼儿的父母却给了教师一把木制的汤勺，要求教师在幼儿调皮的时候用勺子敲她的腿；有的父母不想让男孩子穿演出服，有的父母不想让孩子弄脏衣服，还有的父母想让教师教3岁幼儿学习阅读；有的父母希望在学步儿的班里可以避免咬人事件的发生；有的父母则希望当幼儿咬人的时候，教师也咬他！

那么，教师应该做什么呢？作为教师首先要记住：幼儿的家人都爱他们的孩子，并且想要他们做好每一件事情。他们不想让自己的孩子打人、吐口水或者伤害别人，但是他们不知道应该如何阻止这些行为。近年来，研究人员已经得出结论：大多数小学和幼儿园教师实施的年龄下移的课程只能令行为挑战问题变得更加糟糕。当幼儿的家人想让自己的孩子在生活中拥有比自己更好的机会时，学会阅读或许是实现目标的方式之一，这样的想法是可以理解的。知晓脱离语境机械地教授字母和语音不能实现早期阅读的目标，这不是幼儿家人的工作，这是早期教育工作者的工作。随着时间的推移，让幼儿的父母看到，幼儿是如何日复一日、年复一年地和我们一起，通过许多个人和集体探索活动，学会这么多精彩的东西（最终包括前阅读能力），这也是我们的工作。

许多年以前，这个问题的答案通常是"教育幼儿的父母"！经过这些年的研究和实践，现在大多数教师都认为，问题没有这么简单。更多的跨学科研究让我们知道，必须考虑教师与其服务的家庭的健康、社会经济因素、文化、地区及其他个体差异。与上述因素同等重要的是，（教师、幼儿及其父母的）性格特点、个性特征、个人的兴趣以及学习风格。教师要做的工作不只是运用正确的方式教育幼儿、指导家长、引导同事这么简单！的确有一些不正确的方法，但是还有许多恰当的方式可以帮助幼儿及其家人不断进步。我们所面临的挑战是要有时间、耐心，获得支持和信息，以便更好地将这些方法应用在合适的幼儿及其家人身上。为了恰当地对待幼儿，教师必须毫无偏见地向幼儿的父母学习，就像我们希望他们也毫无偏见地向我们学习一样。幼儿的父母处于不同的社会经济或者文化群体和家庭时，他们的期望也不尽相同（Wardle，1999：13），但是许多教师和机构并没有为适应这些差异而调整他们的期望或者话语。我再一次慎重地要求大家使用考虑周全的方法来解决这一困境。

在美国，不允许通过体罚的方式阻止挑战性行为，至少大多数学校和课程中是不允许的。多数教师完全赞同这一政策，并能够以坚定但不带道德评判的方式来告诉幼儿的父母，我们不能也不会因为行为问题而惩罚幼儿。我们必须保持谨慎，以免倒退回以前的"我是教师，我懂的多"的态度上去。在初始阶段，向幼儿的父母介绍一种全新的理念时，只是送一本指导手册（通常不是用他们的语言书写的）或者只是提供几个可以提供信息的机构的电话号码，并不会有太大帮助。

如前文所述,这是一份历时长、速度慢,但非常重要的工作。在我们这个时代,多数人在生活的各个方面寻求速战速决,那些想要"迅速"解决这个问题的教师和父母们极有可能会大失所望。重新回顾一下上文讨论过的关于"放慢速度"的话题。关注这些问题会提高我们的能力,以满足更多幼儿的需求,创造更和谐的教学环境。这需要有远见、责任心,以及对矛盾情绪和缺点的巨大包容力、耐心,需要一遍又一遍不断地尝试,还需要有勇气去认真规划,在意识到精心设计的计划行不通的时候另起炉灶,从头再来!

要想创造一系列应对行为问题的方法,我们可以从审视自己和学校应对挑战性行为的方法开始,并与幼儿的父母分享行为问题的解决过程和方法。实际上,这种过程性和反思性对话并不是在浪费时间或者纳税人的金钱,而是人性化地看待和思考我们摆上桌面的多种不同挑战的唯一方法,对此我们也可以发布一份愿景宣言或者机构承诺。

在处理儿童及其家人的问题时遇到的民族中心主义问题,已经在前文讨论过了。在进入成人世界或者共同体的时候,我们倾向于认为自己学到的处事方法或者处理事情的方式,就是这些事情原本的样子或者应该有的方式,这是一个可以被理解的生活事实。意识到我们的方式是处理问题的诸多方式之一,则是非常谦虚的行为。

我经常在儿童早期教育场所听到以下这类带有民族中心主义的话语:

- 她太小了，不能考虑对她进行如厕教育。
- 是时候让她喝奶了（或者用杯子喝水了）。
- 他应该睡在自己的床上。
- 当她需要什么东西的时候，我们要让她开口说出来。
- 大家都不说那样的话。
- 你需要让娜娜明白自立的重要性。
- 告诉他的爷爷，让他用叉子吃饭。这么大的孩子还让人喂饭是很难为情的事情。

很长时间以来，大多数幼儿教师早已弃用"好姑娘"、"坏男孩"、"愚蠢"、"淘气的"等词语。然而，不到一个月以前，我偶然听到一名幼儿说了一句"他是傻×"，教师回应说："那是脏话。"请考虑一下，这句话对于经常使用"傻×"这个词的这名幼儿的叔叔伯伯、父母或者兄妹所做的无声的评价。诸如"在学校不说这样的话"一类的语言没有主观色彩，会更有效，它可以告诉幼儿学校对他的行为期待，但是不评判他的家人。

我觉得，直截了当地讲以下问题，我可能会受到指责。尽管真诚地面对自己的价值观念非常重要，但是接受在过去的五十年里我们在定义"家庭"时做出的改变同样也很重要。每一个家庭都是独特的。不管我们来自哪个国家；我们信仰何种宗教，或者没有宗教信仰；我们更喜欢何种政治；我们如何度过闲暇时光（如果我们足够幸运，能够拥有闲暇时光的话）；我们喜欢或者不喜欢什么食物；什么能令我们大笑，什么不能；我们对孩子有什么期望；我们对未来有何愿望——我们每个人都要面对这些事情。

我们是否在家中说脏话不应该成为对幼儿正在接受的养育的稳定性或者质量做出专业分析的一部分。对我们当中的许多人来说，这样做要经历一番挣扎。我们中有些人从小就被告知，有些事情是可以接受的，有些则不能。这个问题便是我们所面临的困境之一，我不断地令那些正在困境中寻求答案的学生感到失望。但是正如前文提到的那样，世界正处于变化之中。幼儿在家中学到的和从电视上听到的，会让我们难以判断哪些语言是"可以接受的"。我们至多能够向我们的班级共同体提出建议和指导原则。

我一再指出，惠洛克学院的格温·摩根（2001）向我们提出了发人深省的警示：我们应该区别幼教工作中的复杂的事情和繁杂的事情。繁杂的事情可以被简化，但是复杂的事情只能去应对。摩根称，我们的任务是形成应对复杂性和更大限度地容忍模棱两可的状况的策略（在幼儿教育以及为幼儿家庭服务的工作中，很多时候并没有所谓的"正确的"方法），而我们却把精力错误地投入到试图简化复杂的事情的工作中。在历史发展的这一关键时刻，我们中的许多人都想知道未来我们为子孙后代留下了什么。如果我们有勇气、毅力和自律精神成为有礼貌的人，尽量不去伤害别人，接受可以达成目标的多种方法，那么我们就可以为下一代做出示范。

幼儿

教师要制订教学管理方案，一定要从观察开始。在课程设置方面，指导行为的方法必须因人而异，这样可能会令许多幼儿教师陷入痛苦境地。幼儿教师喜欢"持续稳定性"这个词，对这个词的应用再也没有哪个领域会比幼儿指导领域更具有持续稳定性了。然而，不同的幼儿具有不同的性格、个性和发展需求，不同的幼儿表现出来的相同行为并不一定具有相同的意味。教师是看护幼儿的成年人。幼儿生活中的规章制度不必太多，但是要得到很好地遵守。因此，在每天生活的地方，幼儿要遵守的一条很棒的规则就是"听看护你的老师的话"或者"听看护你的大人的话"。这样幼儿就可以建立起对学校的安全感，知道教师之所以存在，就是为了帮助他们，确保他们的安全。这样当教师对同一条规则做出不同的解释时，他们就可以应对。在家里幼儿可以这样应对他们的父母、祖父母以及其他成年人，在学校里他们也可以这样做。但是，只有当我们在教育工作中培养起对不确定状态更大的容忍度，对于为幼儿做出决定更加自信的时候，幼儿才能够这样做。接受不确定状态本来就是教师担负责任做出决策的组成部分，我们必须继续培养这种能力。我们不可能总是对自己的决定或者行动感到完全放心，但是，我们必须行动起来。

有时候，这种犹豫的原因在于教师混淆了积极引导与放任纵容。负责看护 5 岁以下幼儿的教师在规范纪律方面所犯的错误多数是缺乏儿童成长和发展方面的知识所致。最近，我阅读了一篇最新的文章（Nadworny，2016），其中有段话引自玛茜·怀特布克（Marcy Whitebook）和其同事。文章表明，目前早期教育教师中有超过50%的人拥有从事早期教育这项非常重要的工作所需要的学位。外行的大众和具有20年以上经验的幼儿教师（请记住，我们有时拥有20年的经验，却不能把事情做好）常常会说，他们更喜欢有经验且喜欢儿童的教师，而不是认为自己什么都懂的大学生。我更喜欢接受过大学教育和早期教育培训的教师，他们喜欢孩子，还能意识到自己永远都不会什么都懂。我探访过的幼教中心有这样的教师，比如，一位负责看护学步儿的教师，甚至都不认识我，就对我讲下面这样的话：

- "注意那个孩子——她好欺负人。"她的同事用力点头，表示同意。
- "我们想甩掉那个孩子——他好咬人！但是园长说我们需要他的学费。有两个家教很好的、非常棒的孩子都离开了，都是因为他好咬人。"
- "你看，这样根本不管用。我们需要一些帮助。"

我同意她的说法。他们的确需要一些帮助来理解学步儿的典型行为。重复家庭主妇们老掉牙的故事或者一些传统说法，即幼儿生就野蛮，需要用成年人的办法来驯服他们，如果老师这么做，我也无法指责什么。但是，有些幸运的教师可以学到更多建立在证据和实践基础之上的积极方式，可以依赖它们来照看和教育儿童。我们有责任说明，要求所有教师学习并且遵循那些被充分证明了的帮助幼儿及其家人的科学方法是必要的。教师们需要明白性格会影响所有人。我们中有些人是温顺的，有些则不是。我们都会变化和成长，为此，我们需要得到帮助和指导。

最近，有位教师向我解释说，在她的班里，教师们正在设法解决过渡时间的问题，而且制定了更加严格的进餐规定。我去她的班里探访时，正值新规定开始执行的第三天。我坐在一个小男孩旁边。老师告诉他，要等到其他小朋友都吃完了，他才可以离开自己的座位。他很快就吃完了，想离开座位去玩此前没有完成的游戏，但是新规定要求在所有小朋友都吃完之前他必须待在自己的座位上。他问了老师好几次他能不能离开。这位教师很纠结，最后说："很抱歉我不得不让你坐在那儿，这是新规定。"

放学以后，我们讨论了这件事情。这位教师说，她感觉自己对这个小男孩太苛刻了。她说，她想让他做自己想做的事情，因为这也是她在大学里学过的——要积极回应幼儿。大多数教师都认为，如果在常规活动中减少等待的时间，幼儿就会有更好的表现。但是，对幼儿来说，如果教师为了使进餐活动能够更加顺利而执行新规定（经全体教师同意了的），却要为此向他道歉，这并不能帮助他认识生活或者等待。更重要的是，这不能使他相信他的老师对于如何满足他的需要非常自信。

弗雷德里克·比克纳（Frederick Buechner，2007：209）

曾经说过，教师的主要工作"是温柔地教导学生认识到痛苦无可回避"。有时候，如果教师使用"马上"这类词语或许有帮助。我并不是说在"告诉一个3岁幼儿马上进行整理工作"的语境中使用"马上"这个词语。但是，如果幼儿能逐渐认识到，今天不能做想做的事情，并不意味着永远不能做，这也是有好处的。在幼教领域工作的许多年里，我认为，"一致性"是所有教师在解释规则的时候使用次数最多的一个词。再一次重申，卡茨和查德（Katz & Chard, 1989）曾声明，我们高估幼儿发展的同时，低估了幼儿的认知水平。在一幢教学楼里工作的四十几位教师不会对使用滑梯的所有规定形成一致意见，或许我们都会同意这一观点。然而，他们看护的幼儿能真正明白这个回应："如果海瑟允许你们这样做，这没问题，但是现在由我来负责，而且对我来说，这样做不安全。"

回到前面餐桌旁的小男孩和因为遵守一项全体教师一致通过的规定而向他道歉的教师的事例，这位教师应该如何有效地处理此种情形呢？既然知道新规定要求等到所有幼儿吃完之后才能离开座位，班里的教师就应该提前做好准备，帮助幼儿完成等待的任务。让幼儿进行有趣的交谈或者玩"我是间谍"[1]的游戏等活动，可以帮助幼儿学习新技能。我们不应该在幼儿面前表露出：作为成年人，我们担心不知道如何

---

[1] 作者此处大概是建议让幼儿玩"我吃完饭了，但隐藏在吃饭的同学中，别人觉察不到"这样的游戏。——译者注

自信地回应他们每天的活动。可以说:"我们正在尝试。"可以说:"这可能不起作用。"可以说:"我们再看看。"可以说:"这不管用。"然后我们可以反思、观察、聆听、思考、沟通和想出更好的办法——因为我们是教师,现在我们负责做出决策。这是我们的专业职责,孩子们指望着我们。一位老师知道,有个小家伙的确玩够了,但她可能还是悄悄地说:"继续——完成你的制作。"或许,一半以上的幼儿都不会注意到这一点。如果有人注意到了并且质疑她,她可能会说:"是的,他的确离开了桌子。我决定让他回去继续工作。"我们很担心随意的通融会导致混乱无序。另一个很好的事例是"外面很冷——每个人都需要穿上毛衣"。教师们已经这样对我说过几十年了,"如果我们让一个孩子脱下毛衣,其他人也会这样做!"或许的确如此,但是如果允许幼儿自行掌握舒适程度的话,那么一旦觉得冷,他们会马上把毛衣再穿回去的。如果有七分钟的混乱状态,到这一天结束的时候就会被忘记了。

情境

在关于尤里·布朗芬布伦纳(Urie Bronfenbrenner)1970年的著作《童年的两个世界:美国和苏联》(*Two Worlds of Childhood: U.S. and U.S.S.R.*)的一篇摘要中,朱利叶斯·里士满(Julius Richmond,2004 美国心理学会)把布朗芬布伦纳称作我们这个时代杰出的社会心理学家之一。他把布朗芬布伦纳研究的中心问题描述为"我们应该如何判断社会的价值"。十几年前，当布朗芬布伦纳去世的时候，他依然在追寻关于这个基本问题的答案。尽管在学术项目中他并不总是被列入儿童早期教育方面的关键人物，但是因为他是第一个从情境角度看待儿童发展的人，所以在早期教育领域的研究中我很看重他的工作。讨论他的研究和贡献需要大量的篇幅，但是简而言之，他是一位发展心理学家，"开端计划"项目的创始人，在康奈尔大学多年从事人类发展、家庭研究和心理学研究的教授。同样重要的是，他还是六个孩子的父亲，是一位终身学习者。

在一本关于言语交际或者言语交际的缺失会如何影响幼儿的学习的书中插入情境这部分内容的原因在于，布朗芬布伦纳多年的研究（包括多年的跨文化和团队的工作以及他个人的研究工作）直接回答了"我们应该如何判断社会的价值"这一基本问题。这个答案包含了目前在美国和全世界范围内我们做的相关研究中涉及的多种因素（种族、民族、贫困、性别、成见、教育、住房、人口、暴力等）。他的答案是什么？我们心目中社会的价值和对未来成功或者失败的预期取决于今天我们在多大程度上关注决策、政策、行为和日常生活会如何影响下一代以及未来的子孙后代。

在北美，多年来我们解决诸如喂饭、断奶、如厕以及睡觉安排等幼儿发展问题的方法，具有很强的民族中心主义。我们指导幼儿行为的工作由于需要顾及众多的因素而变得复杂。思考这些因素的时候，应该把环境因素考虑在内。我们中的许多人，特别是中产阶级的白人妇女，感到不能轻松自如地应对文化差异问题。我们还有许多工作要做。考虑这些强有力的因素会对日常的幼儿教育工作方法产生影响。虽然我们时常对不同于学校教育的亲子教育做出评判，幼儿及其父母都了解这一点，但是我们必须拓展指导的定义。我们需要更多的相互学习，需要试着从更加全球化的角度来理解幼儿教育工作，以便应对新变化带给我们的不适。

尽管为修订本书我做了长时间的研究和准备工作，但我认为，在一个飞速变化的世界中，可以帮助我们解决与幼儿进行言语交流时所面临的困境的、最及时、真诚的建议来自我休息放松的时候。近年来，喜剧演员们已经做了大量工作来取笑他们自己和他们的民族、种族和社会经济群体。最近在休息放松的同时，我听说，喜剧演员哈桑·明哈杰（Gajanan，2017）认为，美国的媒体和语言之战使得对许多重要问题持有不同观点的市民的纷争蔓延到了电视屏幕上，展现到了幼儿和世界上其他人的面前。他建议媒体应学会思考、行动和感受少数民族这个群体在生活中所受到的压力：

你需要事事争优，你需要双倍的优秀，你不能犯任何错误。因为当你们中的任何一个人陷入困境时，他就会指责整个群体。所以，现在你应该明白作为少数民族群体是什么感受了。[……]既然你属于少数民族[……]每个人都把你看作整个群体的代言人。[……]看吧，既然你确实是少数派，那里就存在一个关于你的形象的扭曲的版本。你知道的，塔可钟（Taco Bell）就代表墨西哥文化，熊猫快餐（Panda Express）就代表中国文化。[……]于是，当你确实做出一番成绩的时候，你会被英语中最居高临下的台词所打击："嗨，原来你是优秀人物中的一员。"

引用上述材料，我并不是想要轻描淡写地对待面对幼儿、家长以及同事时的严峻挑战。我也不是想表明，我们应该接受这样的观点：问题很棘手，我们不需要寻求所有问题的创新性的解决办法，只要努力去做即可。我想强调的是，人类的需求往往是复杂的，通常一种方式或者另一种方式之间会相互冲突，而解决方案并不是简单、直接或者永久不变的。

从上述幽默的讨论转向严肃的《语言人类学杂志》(*Journal of Linguistic Anthropology*)，我发现雪莉·布莱斯·希斯（Shirley Brice Heath，2015）的这种说法既准确又鼓舞人心："仅凭学术研究不能改变经济现实或者政治意志。愿意长期从事语言人类学和其他领域研究的学者可以做的事情是：坚持反对寻求简单的解决方案。"我相信，这为儿童早期教育工作者充分做好行动准备指出了方向。

需要照顾来自各类家庭的幼儿的教师必须了解和坦然面对约束幼儿的多种方式。称这些幼儿为"有色人种儿童"或者"贫困儿童"或许是在特定情境或者环境中更合适的说法。但是我们也需要记住，我们所做的概括在某些环境中是有效的，而在另一些环境中却是无效的。然而，关于什么最有利于下一代，我们的意见是一致的，我们可以在工作中采取一些普遍的办法。以下清单列举了儿童早期教育研究者和

经验丰富的一线教师提供的一些关于多样性的观点:

- 不同的家庭和文化对什么是"安全的空间"以及幼儿监护问题有不同的看法。
- 我们必须深入了解新移民的家庭文化,帮助他们更多地学习我们的文化。
- 这项工作很耗时间,而且不会产生立竿见影的效果,但很重要。
- 美国幼儿教师倾向于把电视看成学习的障碍,但是许多难民和移民家庭却视之为语言教师。
- 大多数幼儿教师必须学习更多的技能,以便从不同的角度看待不同的情况。
- 大多数幼儿教师必须反思自己对民族中心主义的习惯程度。
- 我们需要努力接受达成目标的多种方法。
- 在实践中,我们需要努力实践"有礼貌地反对",并接受这样的观点:保持一致的态度在某些情况下非常关键,但是在某些情况下却无关紧要。

教师的话语与行为指导

在幼儿教育教学活动中,教师的话语对幼儿的行为指导又意味着什么呢?或许再也没有哪个领域比幼儿指导领域更需要使用清晰的"教师话语"了。要求幼儿遵守纪律的同时，教师们必须做到：

- 行动迅速。
- 公平公正。
- 确保幼儿身体和情感上的安全。
- 谨记：我们在教育教室里的每个幼儿，因为他们都在仔细观察。
- 为不恰当的选择提供替换选项。

如果想了解清晰的教师话语如何帮助我们实现以上所有目标，那就到实践中去看一看。下面是发生在一所幼儿园的某个班里的有关行为指导的案例。3个男孩在一张沙发上蹦来蹦去，而这张沙发被不明智地摆放在一扇窗户前面。很显然，教师想制止他们，但是她不知道该怎样做。

"我担心有人会受伤。"她面带微笑温柔地说。男孩子们根本不理睬她，这一点儿也不奇怪。

她又做了一次尝试，这一次她的语气强硬了一些。"我认为这样太危险。"她一脸严肃地说。但是，男孩子们继续蹦蹦跳跳。

进行第三次尝试的时候，她有点儿沮丧和生气。"你们必须去玩别的游戏，立刻！"她大声说。男孩子们都非常喜欢这位老师，听到老师这么说，他们看上去很困惑，感到感情受到了伤害。他们从沙发上下来，在教室里四处游荡。他们似乎不太确定自己做了什么，但是很明显，他们受到了老师的不高兴情绪的影响。

下课以后，这位教师跟我聊起了班里的情况，她说，班里的幼儿纪律性很差，她很失望。"孩子们都不听话，我不知道该怎么办。"她说。我们谈到了那3个在沙发上蹦蹦跳跳的孩子。她认为自己已经向他们发出了清晰的指令。我们谈到了观点（"我担心"）和指令（"现在请下来，这样不安全"）的差别。

　　我们也谈到了要设法把说话的语气、肢体语言以及面部表情统一起来的问题。她并没有想到她的微笑和温柔的语气竟然妨碍了孩子们理解她的担忧。当我们要向幼儿传达严肃的消息时，必须要用严肃的语气，这一点非常重要。或许，也有必要同时皱起眉头。安全问题非常重要，如果面带甜甜的微笑，用温柔的口吻告诉幼儿，他们就不会明白这是严肃的警告。一旦危险行为停止，及时调整语气同样重要。上面提到的这位教师本应该在发出严肃的指令之后，再面带微笑，用温柔的口吻向幼儿提出建议："男孩子需要蹦蹦跳跳，让我们去找一张蹦床吧！不过，要记住，沙发是用来坐的。"

　　行为指导的五大要素会影响蹦蹦跳跳的男孩的情况，让我们来考虑一下这五大要素：行动迅速、公平公正、确保幼儿的安全、教育每个儿童、提供替换选项。基于所有这些因素，在上述情况下教师怎样才能达成目的呢？

- 她可以径直走向沙发，帮助幼儿找一个更安全的可以蹦蹦跳跳的地方。她可以说："现在请下来，这样不安全。"（迅速行动，确保幼儿的身体安全）
- 在处理幼儿的不安全行为问题时，她可以使用清晰的

话语、坚定的语气，而且不能面带微笑。（确保公平公正）

- 使用公平公正的方法来结束危险行为，并且肯定自己的权威地位，这样做可以清楚地表明哪些行为是可以接受的，并且可以安慰幼儿，老师有足够的能力来确保他们的安全。（教育每一个幼儿，确保其情感安全）
- 她可以承认男孩子有蹦蹦跳跳的需要，而且要找到一个可以让幼儿安全地蹦蹦跳跳的地方。（提供替换选项）

使用清晰的语言

教师对幼儿行为的干涉通常受到模棱两可的话语、习语或者搭配不当的话语、肢体语言、说话语气等因素的左右。即便我们用心良苦，但是如果陷入以上误区，我们使用的话语就会导致幼儿陷入困惑，只能教会他们很少的东西，甚至让他们一无所获。下面有几个事例：

- "在幼儿园里，我们不能打（踢、咬、推）我们的朋友。"——当有人恰好这样做了的时候。
- "告诉她你很抱歉。我们不能伤害自己的朋友。"——当幼儿确实已经伤害了别人但并不感到抱歉的时候。
- "沙子想要待在盒子里。"——好像沙子也有自由意志，不是被人扔出来的。

教师们也常常会提出一些问题，不但不能说清楚当前的状况，反而会令本来就很沮丧的幼儿更加困惑或者非常尴尬。比如，以下的问题通常是不会起作用的：

- "谁先拿到的？"这个问题的答案通常是"是我"——幼儿异口同声地回答。对于那些仍然遵循学步儿阶段的个人财产所有权惯例（"我先看到的就是我的"）的幼儿来说，这个问题是无效的。
- "如果她那样对你，你会有什么感觉？"学龄前儿童并非不能理解他人的感受，但他们还是太小了，还不能理解这样的假定情况，特别是当事实情况完全相反的时候。最好说明另一名幼儿的感受，帮助为了得到自己想要的东西而无意中冒犯别人的幼儿，理解受到伤害的幼儿的反应："你那样做伤害了德斯蒙德。你看，他哭了。"

教师使用这类含糊的话语的本意，是想避免在幼儿教育工作中使用伤害性的话语。避免使用诸如"坏"、"可恶"、"恶毒"等咒骂的词语是非常有意义的、恰当的目标，但是在幼儿打人事件中说"我们不能打人"就会令幼儿非常困惑；而说"住手，你伤到奥马尔了"则可以帮助幼儿理解你想让他做什么及其原因。这类行为干涉的第三条重要内容就是告诉幼儿应该做什么。

1. "住手。"（必须要做的事情）
2. "你伤到奥马尔了。"（为什么必须要做上述事情）

3. "告诉她，你还要用这辆三轮车。"（为幼儿提供除推人或者打人之外的替换选项，以及可以使用的话语）

开展这类教学活动需要教师不断地重复和耐心，记住这一点非常重要。帮助幼儿学习自我控制能力和社交技能需要相当长的时间和大量练习。当教师像回应其他发展性标志现象一样来回应幼儿之间的身体互动行为时，幼儿最终会全面掌握我们想让他们学会的东西：我们不能彼此伤害，我们必须使用语言去得到我们需要的东西和告诉别人我们的感受。有的教师会一遍又一遍地向幼儿重复："我不能让你打人，打人会伤害别人。你要说清楚，告诉他别打扰你。"当这样的教师看到一名幼儿手里拿着积木正准备打架却有意识地停下来说"走开，别打扰我"时，他会非常兴奋。

然而，实现这个目标需要经历很长一段路程，它需要耐心、技能和相互理解。当幼儿还没有学会在社交场合控制情感的时候，我们必须理解幼儿的强烈情感。《倾听幼儿说话》（Listen to the Children，1986）一书对这些情感进行了准确的描述：

凯文和格雷格正在一起搭积木。凯文生气了，因为格雷格拿走了他的一块积木。他们打了起来。教师介入进来，告诉凯文要用嘴巴说出来而不是打人。她告诉他，要试着与格雷格交谈而不是打他——要告诉格雷格，是什么让他很生气。最后，她确信自己已经说清楚了，就问凯文："现在你想做什么？"凯文毫不犹豫地回答："打他！"而且，他真的打了！

这位教师希望（就像我们平常所做的一样）得到"我很抱歉"这样的回答。但是，请注意她使用的语言"你想做什么"。这名幼儿的回答是诚实的。或许，这是个错误的问题——或者那个时候根本就不需要提问题。必须记住，当幼儿在气冲冲地对峙时，要他们做出由衷的、真挚的道歉是非常困难的，其可能性就像幼儿拼不好拼图的时候说"这幅拼图超出了我的发展能力"，而不是生气地扔掉拼图一样微乎其微。当教师强迫幼儿道歉的时候，实际上，他们是在教幼儿撒第一个谎！海姆·吉诺特（Haim Ginott，1965）是最先明确指出这一点的人之一。幼儿之所以互相推搡、拉扯，是因为他们仍然在学习如何得到他们需要的和想要的东西。他们有强烈的情感，但语言尚未发育成熟。所以，当教师或者同伴阻挠了他们的狂热的需求时，他们就会非常生气，但是又不知道该怎么做。狠狠地揍别人一顿，就是处于这个发展阶段的幼儿需要做和想要做的事情。他们不会感到愧疚，而且不应该要求他们道歉。

所以，当你想让幼儿从使用肢体行为过渡到使用语言而幼儿无法做到时，可以做些什么来代替呢？你可以斟酌话语，可以描述、解释、重复和理解。你可以说："你想要林梅的那匹玩具马。当你从她手里抢过来时，小马打到了她的眼睛。她哭了，因为很疼。让我们去拿些冰来使她的眼睛感觉好受一些吧。"

这里还有另外一个案例。在帮助幼儿学习

> 所以，当你想让幼儿从使用肢体行为过渡到使用语言而幼儿无法做到时，可以做些什么来代替呢？你可以斟酌话语，可以描述、解释、重复和理解。

"私人空间"这一概念时，当一个学步儿去推另一个学步儿时，你可以说："阿列克谢，麦迪逊告诉我，她现在不想拥抱。麦迪逊，告诉阿列克谢，你想一个人待着。"或者说："阿列克谢，我想麦迪逊不喜欢你坐得离她这么近。如果你坐在这儿，她会有更大的空间。"那种典型的回应——"不能推我们的朋友"，既不能告诉幼儿问题是什么，也不能告诉他们可以做什么。事实上，对于那些恰好在学习如何在集体中与他人相处的幼儿来说，这会让本身已经够复杂的社交活动变得令他们更加困惑。

近年来，一线教师们反映来自幼儿行为的挑战越来越多。在许多情况下，教师没有能力改变幼儿的失控行为。有很多时候，幼儿需要一对一的帮助；还有很多时候，更换幼儿园是唯一的选择。但是，在日常的教学环境中，你的话语、说话的语气和方式的确很重要。有效地使用语言介入幼儿的行为问题涉及多种因素，基本指导原则如下：

- 说话的语气和面部表情要符合当时的情况。
- 如果你的意思是"不可以"，那就告诉幼儿"不可以"或者"住手"。
- 如果你需要立即得到回应，就一定要避免提出含糊其词、空洞的要求。
- 告诉幼儿他可以做什么，而不是告诉他他的行为不受欢迎。
- 一旦不恰当的行为停止，就放松你的面部表情，帮助幼儿转向其他选择。

需要讨论的问题

1. 你怎样理解莉莲·卡茨的这句话:"(幼儿教师)因为自己拥有更多的经历、知识和智慧而接受自己的权威地位。"请根据自己的经历举几个例子。你在什么时候发现接受自己的权威地位很容易或者很困难?

2. 格温·摩根想通过"繁杂"和"复杂"两个词语的区别说明什么问题?请根据自己教育幼儿以及与其家人接触的经历列举繁杂的事情和复杂的事情。

3. 丽莎·德皮特认为,中产阶级的白人妇女在处理阶级和文化差异时不能轻松自如。你同意她的观点吗?为什么?请根据自己教育幼儿或者与其家人接触的经历举例。有没有更加全球化的方式可以回应这些困境?

4. 杜威和卡茨让你尝试运用由于年龄、经验、教育背景而形成的权威,或者在儿童违反秩序时运用权威的做法维持教学秩序,是否令你或者你的团队成员感到不适应?

5. 与那些适用于在家中应对一到两个孩子的方法相比,应对班级中的行为问题的方法将有所不同,教师在讨论后者时可以运用什么样的话语?

第四章

培养技能和概念

如果希望幼儿获得尽可能多的学习优势,我们必须能够自如地培养幼儿掌握各种各样的学习方法,这就需要我们拓宽视野,对幼儿的学习方式有更深入的了解,同时也意味着我们自身也必须成为终身学习者。

如第三章所述,媒体和大众出版物广泛关注儿童行为问题,炮制了所谓"幼儿园直通监狱"的说法,同时,在过去的二十年里,有相当数量的大众出版物和学术文章在讨论如何对幼儿进行适宜的教育,使之顺利达到小学入学水平。全美幼教协会三十年来一直致力于与时俱进地展示最新的研究成果,举办地区性的活动,让人们认识儿童成长及发展与发展适宜性课程之间的联系。借助该协会提供的资源,幼儿教师可以以很实惠的价格获取关于儿童成长与发展的最新研究资讯,并了解这些新的研究成果对于日常教育工作的启示。当然,我们面临的挑战还在于,公众(学校董事会、报纸刊登的读者来信、媒体报道等）对幼儿教育的要求是不断变化的。通常这类媒体文章并非基于严谨的调查研究，传递出的信息纷繁芜杂，未必切实针对儿童真正的需要。教师在面对这些各执一词的要求时，往往感觉压力倍增、困惑茫然或愧疚愤懑，常常感觉儿童和家长们被一轮轮的变革引导得迷失了方向。教师自己也常常困惑于该去达到什么要求：是否应该按照自己所了解的关于儿童需求的知识去做？儿童的家庭要求什么？本地区教育主管部门有何要求？最新研究成果（实际上无暇涉猎）建议什么做法对儿童最为有利？是否应开展萌发式课程？是否应该进行不依赖情境的语音教学？教师到底该做什么？

尽管有些幼儿似乎不经过系统指导也能习得一系列技能，但大多数幼儿在学习特定技能的时候得益于教师个别化的指导和帮助。卡茨和查德（Katz & Chard, 1989）认为，近年来，许多幼儿教师会采取不干涉的方法培养幼儿的学习技能，因为他们混淆了系统指导（即对幼儿进行个别化指导，教给他们一系列技能并帮助他们熟练掌握）和直接指导（即在同一时间以同样的方式教给全班幼儿相同的技能）。

为了提供适合幼儿发展的环境，幼儿教师应避免使用直接指导或者让全班幼儿同时坐下来接受指导。一般而言，从满足幼儿甚至小学的学习需求的角度来说，个别化指导大概是一个明智的抉择。

> 尽管有些幼儿似乎不经过系统指导也能习得一系列技能，但大多数幼儿在学习特定技能的时候得益于教师个别化的指导和帮助。

用更通俗的话来讲，我们要锻炼自己不去随意地追捧新潮。可能多数读者并不了解美国在20世纪六七十年代兴起的开放课堂浪潮，这是一个典型的追捧新潮的例子。开放课堂以便容纳更多空间和兴趣区域的思潮是在20世纪60年代从大洋彼岸的英国传播而来的。这一思想也很符合我们对于儿童早期发展阶段的认识，包括打破年级界限的学习方式，让儿童在兴趣和能力许可的情况下，可以同时学习幼儿园水平的语音和二年级的数学及科学。但是这个看似合理的理念实施的结果却令人沮丧。为了改善教育，全国各地纷纷拆墙破壁，打通空间，以便让儿童能够以适宜发展的方式学习。

有一样事实被忽略了，那就是教师们习惯于管理自己的课堂，通常没有受过与同事共同组织课堂和授课的训练。开放举措还忽视的一个重要方面是，有些内向、害羞和文静的学生倾向于独处的学习方式。教育界人士、家长和儿童在九月开学季见到了整修一新的教室——开放、自由，但可能只满足了60%的学生和25%的教师的需求（教师们缺乏针对新教学方式的培训和指导）。在此之前，教师们都习惯于主导课堂，习惯于传授识文断字、计数运算的知识，而且他们通常面向全体学生来授课。而如今学生们按照自己的节奏来学习了——20世纪60年代的教师所接受的培训并不能顺利驾驭这些情况。

这场在教师、家庭和儿童都缺乏准备的情况下所进行的仓促变革，的确给几十年来我们在工作中遇到的很多挑战埋下了伏笔。还有一个类似的例子，是把不采用脱离情境、面向全班和直接讲授的方式来教授字母这一倡议，理解为将所有字母挂图从幼儿园里统统清理出去。我们不能这么仓促地做出决断，需要经过阅读、深思、反复考量之后再来制定政策。1711年，诗人亚历山大·蒲柏在他的名诗《批评论》（*An Essay on Criticism*）中就已经谆谆告诫过："一知半解，甚是危险。"换言之，浅尝辄止、肤浅的感受或者一鳞半爪的阅读都不足以作为重要决策的基础。

对于幼儿在幼儿园日常生活中所需的基本技能，教师们往往不能对幼儿进行个别指导。有时这是出于一种怕麻烦而明哲保身的习惯，不想因为技能学习而搞得孩子们不高兴、勉为其难地去达成一项目标。在这方面我们有很大的改善的余地。我们需要区分个别化地帮助一名儿童提高具体技能（例如，使用剪刀、用叉子进餐或写自己的名字这种与幼儿园日常生活紧密相关的技能）和进行集体教学（例如，形状的样式和名称）这两种教学方式。假设儿童正在游戏区域搭建堡垒，他们需要长方形的木块，而不是正方形的木块，那么这便是一个进行形状教学的极好的时机，我们可以帮助儿童理解形状的重要性、用错了形状会导致什么样的结果，等等。但是如果对低龄幼儿进行脱离情境的集体授课，运用闪视卡片、背诵或咏诵形状名称等方法，则会令他们陷入茫然。幼儿需要在一种有意义的情境中学习，这种情境是他们可以借助日常经验来理解的。作为教师我们必须谨记，生活在21世纪的儿童，其日常生活经验在很多方面与生活在

20世纪——甚至十年前的儿童,有着巨大的差异!1899年,约翰·杜威就教导我们留意这种必然而持续的变革。他与很多家长深入讨论养育和教育幼儿的问题,家长们对于自己曾经受过的那些责任感与品格教育的消失而深感忧虑。杜威深切关注社会责任感的培养,不过,他同时也提醒大众:"社会条件发生了改变,只有教育上进行同等程度的变革,才能有效地进行品格培养。"(Tanner,1997:77)这些话拿到今天来看是多么恰当和切中时弊!

当社会变革急剧而显著时,恰如我国农耕生产者及其家庭形式面临工业革命的变革时那样,家长们会感到焦虑和困惑。他们关切自身,也关切子女,拿不准该何去何从。杜威的思想顺应时代的变迁,为这些家庭提供了至关重要的帮助。新的世纪已过去了近二十年,我们似乎依然处在转向技术时代的挣扎中。要应对面临的挑战,重要的出路就在于杜威为他那个时代所提出的应对之策:对教育的"同等程度的变革"。

当众多的师生每天还挣扎在众说纷纭的信息和目标里时,我们无法期待获得本应有的良好成果。对于教师、家庭和学校来说,这是一个可怕的困局,而受到最大伤害的将是求知若渴的孩子们。下面是某位教师的一段经历:

蒂娜老师参加了一个关于早期读写活动对儿童今后学业成功的重要性的讲习班。她非常担心自己班里的幼儿。因为到了秋天,这些幼儿就要去公立学校的学前班上学了,但班上的大部分幼儿还不认识字母或不懂发音规则,这样当他们开始上学的时候，许多同伴就会遥遥领先于他们。她从讲习班上学来一些办法，并且做了一面"词语墙"，然后将字母贴满了教室。

她以前总是努力帮助班里的幼儿认识他们名字的第一个字母，但是现在她拓展了晨间活动，帮助幼儿学习别人的名字的首字母和以相同的音开头的其他单词。她把新单词挂到词语墙上，声情并茂地读出单词的发音，并且重读开头的辅音。她确信，班上的4岁幼儿正在为上学前班做更好的准备。但是，我见到她的那一天，她向我咨询的是班里3岁幼儿的问题。

蒂娜一直坚持，所有幼儿都必须参加集体活动。关于这个问题，我们已经讨论过多次了。我一直认为，要找到一个能够满足3—4岁所有幼儿需要的合适的集体活动，是一个很大的挑战。所以，我和蒂娜经常针对这个话题讨论各种各样的解决方案。这一天，她感到很沮丧，因为班里的3岁幼儿突然闹了起来，令集体活动无法继续进行下去。正如我们所谈到的，非常明显，集体活动时间，在她进行拓展的早期读写活动的同时，幼儿的行为问题也开始出现了。我们谈到了要求4岁幼儿更加努力学习这些技能的问题，我们还认为，词首的辅音并不能让3岁幼儿感到兴奋，或许这与发生的问题有些关联。

我和蒂娜列举了我们俩一致认为的形成这一窘境的因素：蒂娜原以为她是在为4岁幼儿提供系统指导，但实际上，却是对一个混龄班进行了直接教学，这根本不符合年龄较小的 3 岁幼儿的发展特点。以下是我们对这个问题得出的结论：

- 幼儿自然而然地会对自己名字中的字母感兴趣，但"词语墙"的概念和单词开头辅音的任务对于 4 岁幼儿来说，使读写活动脱离了有意义的环境，而对 3 岁幼儿来说则完全不适合。
- 3 岁幼儿对正在进行的活动不感兴趣，只好自娱自乐，自己寻找其他感兴趣的事情。
- 关于早期读写活动，需要进一步视具体儿童而定。要对幼儿进行个别化指导，要适应幼儿的发展水平。
- 蒂娜可以想办法以适合幼儿发展的方式，在更有意义的环境中提供字母辨认或者学习词首字母发音的活动。

蒂娜决定把针对 4 岁幼儿的教学活动放在全班集体活动以外的时间，这是一大改进。后来，她找来一些篇幅短小、插图精美的字母书让幼儿在集体活动时间分享；她还找来一些新的字母歌曲，而且要求全班幼儿都要参与这两项活动。接下来，她设立了一个更加复杂的书写区，这个区域立刻吸引了那些既愿意书写又对认真书写感兴趣的幼儿。渐渐地，蒂娜能够与那些开始写字和自己阅读的年龄大一些的幼儿分享他们的快乐了，同时她也能够运用更加适合全班幼儿的方法来开展集体活动了。

罗宾使用不同的方法来教 4 岁幼儿。在自由活动时间，她认真观察幼儿，然后运用这些信息来指导接下来的一周的教学计划。她的课程大部分是萌发式课程。幼儿的新兴趣往往会带来精彩而丰富的活动主题。比如，配班教师克莉丝正在建造一座新房子，罗宾带领孩子们到施工现场去观察。孩子们回去后不久，工具、安全帽和敲敲打打的声音就充满了教室。孩子们兴趣高涨，他们阅读建筑类书籍、拍摄不同种类的建筑物的照片，并且把自己家的房子的照片带到班里来。他们开始关注学校的校舍。

　　罗宾敏锐地捕捉到了幼儿的探究精神并且惊讶地发现，他们对自己每天生活的环境探索得太少了。她认真地设计了一项有关数学、读写、科学以及创造性艺术的深度探究活动。孩子们画出了教学楼里使用的不同材料，用蜡笔、铅笔拓印了砖、木板和煤渣砌块，为整座教学楼画了管道示意图，并且观察了管道工人为他们的洗手间的马桶更换密封圈的过程。他们设计了"建筑蓝图"，并且开始施工建造。最后，他们把自己的探究活动撰写成书。罗宾从未在木工领域涉猎太多，然而通过这次活动，她发现自己有必要就工具的使用、安全事项和如何制作书架等认真地对幼儿进行直接指导。请注意，幼儿的兴趣对罗宾的指导和课程所起的引导作用和影响是多么引人注目！由于整个探究活动所表现出的有意义的情境，以及教师有意识做出的意义丰富的回应，贯穿于探究活动中的学习便得以引向深入。

回应教室里的交谈

当询问大多数教师或者幼儿父母，幼儿教师的职责是什么时，多数人会这样回答：帮助幼儿学会与别人相处，帮助他们学习入学之前应该知道的知识。如果要求回答得更具体一些，同样还是这些人，他们会说："你知道的——如何分享、和睦相处、听从指令以及认识颜色、形状和字母等。"

多年来，作为实习教师的指导教师，我不断地听到他们抱怨说，能够在过渡时间或者进餐时间观察幼儿的活动，但在集体活动时间无法做到。新手教师认为，站在教室的前面或者中间，同幼儿一起分享图书或者法兰绒板的活动才是真正的学习。在评价一门课程是否成功时，往往要看幼儿是否喜欢这门课程中的活动，或者听讲时是否安静、专注。然而，其实我们每天都有许多机会可以深化和拓展幼儿的学习和对周围世界的理解，但往往（由于时间、班级人数所限，或者缺乏相应的培训）没有认识到或者不去利用这些机会。规划课程内容时力图紧跟时代步伐或具有前瞻性，这一点无可厚非。然而我们的幼儿园和小学低年级经常出现违背儿童学习基本规律的现象，要知道，这些规律是数十年来科学研究已经表明和验证了的。

2016年，早期教育专家埃里卡·克里斯塔基斯在其著作《给孩子最好的成长力》（*The Importance of Being Little*）中写道："有些幼儿园担心无法达成人们的期待——通常是那些表现一般的学校和服务于弱势群体生源的学校——会热切地照搬一揽子课程，幻想着找到了无须花费心思就能够完成教育目标、提升办学水平的灵丹妙药。"（Christakis，2016：101）正如第三章中所指出的，教师对于如何教育当今的儿童感到茫然，这种情形在所有学校中都存在，其普遍程度超乎人们可以想见的范围。经费充足、面向富裕中产阶层的私立学校同样面临教育上的迷茫，这一点同内城区工薪阶层的"开端计划"项目学校类似。也像第三章所论述过的，造成这种局面的原因纷繁复杂，我们很多人甚至不知道从何处着手来解决这些问题。如果教师在阅读准备技巧方面没有受过扎实的培训，那么他们往往会提供一些温情脉脉的小活动，孩子们也喜欢参与，但对心智没有什么挑战性。对于发展适宜性教育的误解在二十年前导致了不准教师在教室里张贴字母挂图。现在看来这个做法匪夷所思，因为当今许多年龄下移的课程期望儿童在进入小学一年级时就能够开始阅读。

R. F. 迪尔登（R. F. Dearden，1984）针对课程的相关性提出了四条标准，可以用于评价幼儿教师与幼儿共同分享的各种学习机会：

- 该话题在幼儿日常生活中的直接适用性。
- 对于全面均衡的课程规划的贡献。
- 在为幼儿今后生活做准备方面的作用。
- 相对于其他场合，在学校里学习这些内容的优势。

卡茨和查德（1989）扩展了以上标准，他们指出，幼儿的学习必须与未来社会向他们提出的要求相关联。我不想阻拦教师们开展有关恐龙主题或者"衣服反穿日"的活动。快乐对我们每一个人都非常重要，它可以减少压力，帮助幼儿认识到游戏对美好生活的必要。但是，将这些活动视为精心设计的学习内容，而忽视了澄清关于监狱、武器、贫穷或者肤色等方面的错误信息，教师就是没有尽到自己的重要职责：帮助幼儿更好地理解我们生活的这个世界，更好地学习。当今社会和世界的很多事件证明了这一点。当我们规划娱乐活动时，要清楚地认识到活动的目标是进行放松，是向孩子们示范如何平衡工作、游戏和娱乐。学习并不总是轻松愉快的，有时就是枯燥困难的，我们要把这一点和风细雨地传达给儿童。这也是不能低估教给儿童"锲而不舍"精神的重要性所在。还有，在儿童年幼时就教给他们错误是一种有用的学习方式，通过错误可以辨别什么方法是有效的，什么方法是行不通的，其重要性也在这里。转换思路有时会带来意想不到的效果。在儿童年幼时就让他们认识到每个人都有擅长的事情和不太擅长的事情，这也很重要。对这个问题，上策就是坦诚面对（不论儿童年龄多大）。例如，假设珍妮又因为在操场赛跑中跑了最后一名而号啕大哭，并且愤怒地嚷着说无论她多么努力，她总是跑在最后，你可以提醒她说，你要对美术老师讲，展板上都有五幅珍妮的绘画作品展出了，是不是太多了！"珍妮，可能你在跑步方面没有办法变得很好，但你很擅长阅读，绘画也很棒。"大家都各有所长，生活中总有一些事情我们做得不如别人好，所以就请擅长做这些事情的人来帮助我们。通常各个年龄段的儿童听到老师做出这样的反馈，都会感到惊喜，并欣然接受。

教师们通常不愿意与幼儿讨论非常棘手的问题。我们很容易忽略，不管我们是否帮助幼儿，他们总能够通过自己的经历弄明白其中的道理。如果可以，帮助他们不是更好吗？下面这个案例发生在我观察的一个"早期开端计划"项目的班里。在这个案例中，教师开展了一项似乎对谁也不会造成伤害的集体活动，来了解社区里为大家提供帮助的人。

这位教师告诉幼儿，警官"友好先生"将来看望大家，和大家一起分享社区警察为社区居民排忧解难的方法。乔舒亚斜着身子对卡洛斯说："我爸爸说，他们都他妈的是猪。"老师告诉乔舒亚，"他妈的"这个词不能在幼儿园里说。她没有去深究乔舒亚话语背后的意思，包括这种想法的来源或者他的话对班里其他幼儿的影响。我继续观察，听到孩子们在表演游戏中讨论"条子"。我看到他们演了一场"逮捕行动"，他们演得与电视晚间新闻中对社区暴力活动的报道一样好。我听到一名幼儿说："他们并不友好，他们会把人送进监狱。"班里的一个经验少一些的幼儿问："什么是监狱？"一个幼儿立刻插话说："那是坏人去的地方！"

在这个班的 17 名幼儿中，有两名幼儿的父母被关在监狱里。无论与幼儿还是成人谈论棘手和敏感的问题，都是一件让人忐忑的事情。但是，在教育幼儿的时候，我们有责任这样做。无论班上是否有儿童的父母身在监狱，都需要让儿童知道很多人被关进监狱这样一项重要的事实。教给儿童人人皆会犯错，而且我们可以从错误中学习，这是至关重要的人生教益。让儿童认识到人性本善，但人有时也会作恶，这也是儿童幼年应该接触的关于人性的认识。孩子们走了之后，这位教师坐下来和我讨论这一天的情况。我问她，听到孩子们在表演游戏中热烈交谈的内容，她是怎么想的。她说，她很难过，因为她知道有的孩子的父母被关在监狱里。她说，当别的孩子说"那是坏人去的地方"时，他们肯定会很难过。"你就不能做点什么来帮助他们吗？"我问她。"我不想牵涉其中。"她诚恳地说道。

我没有因为她的犹豫而责备她。然而，幼儿的生活中有太多的东西有赖于教师的指导，幼儿教师不能因为害怕惹麻烦而明哲保身。的确，我们必须在选择措辞时慎之又慎，但是，以一种可以兼容所有幼儿的经验的方式与幼儿谈论他们迫切关心的问题是可能的。警方滥用暴力是错误的，同时我们又需要支持保卫社会安全的警察力量，这两者产生了巨大的矛盾，这时儿童需要教师的关切和适当的评论。措辞谨慎、不走极端是很重要的。教师可以从提问这类问题开始，比如，"你为什么会这样想？"或者"你都知道些什么？"教师也可以通过"听起来好像你真的非常想念你爸爸"或者"听起来好像你爸爸真的很生警察的气"等话语来认可幼儿的强烈感情。最后，教师还可以针对当时的情形，向全班幼儿提供不同的观点，可以这样说："所有的人都会犯错误。有时候，我们可以从他们身上

> 幼儿教师不能因为害怕惹麻烦而明哲保身。的确，我们必须在选择措辞时慎之又慎，但是，以一种可以兼容所有幼儿的经验的方式与幼儿谈论他们迫切关心的问题是可能的。

吸取教训。如果我们犯了错误，就要努力改正。当人们被关进监狱时，他们是在改正自己曾经犯下的错误。"这样的解释会使班里所有幼儿受益。而对于那些家庭成员被关进监狱的幼儿来说，这是非常重要的。

这里还有一个关于集体活动的案例。案例中，看起来不会伤害任何人的课程偏离了正题，陷入了麻烦当中，而教师能够面对挑战，敢于向幼儿解释棘手的问题。

斯泰茜正在围绕"新生儿和成为哥哥姐姐"的话题设计课程，因为班里的凯和爱莎都在期盼着家里即将出生的小宝宝。活动开始后，大家在水台中给许多"新生儿"洗澡，分享了一大堆关于新生儿的精美童书。孩子们还帮助老师为凯和爱莎准备了一个聚会，学校也为他们制作了印有"我是大哥哥（大姐姐）"的T恤衫。此外，孩子们还为凯和爱莎家即将出生的小宝宝带来了小礼物。

当三个女孩开始深入探讨"婴儿到底是怎么生出来的"这个问题时，这门本来轻松愉快的课程内容就发生了转变。斯泰茜注意到，贝姬和爱莎在玩"假装怀孕"的游戏，而盖在她们衬衫下面的玩具婴儿娃娃将由扮演医生的黛娜接生。贝姬坚持要把婴儿从肚子里取出来。爱莎非常生气地告诉她，她说错了。爱莎大声地说："小宝宝是从阴道里生出来的，没有人可以把他们取出来，等他们准备好了，就出来了！"

斯泰茜有点儿担心，但还是与幼儿的父母讨论了幼儿对"从哪里来的"所产生的浓厚兴趣。乔恩的妈妈给这个班的孩子们讲了她的剖宫产手术，这让贝姬感到很高兴，因为乔恩的妈妈证实了她说的是对的——有些婴儿的确是从人的肚子里取出来的！这门课程从庆祝活动跃升为获取信息的活动，并且在这一学年结束之前，所有幼儿都对人类生命的繁衍有了更多真实的了解。当然，家长了解和认可课程之后，才会配合儿童继续深入学习。对于第三章中探讨过的许多敏感话题，由于对它们的学习并非学前课程中的常规内容，因此事先征得相关人员同意是很重要的。

教授基本技能

幼儿教师通过环境创建、经验分享、交谈、提问以及鼓励幼儿独立思考来帮助幼儿学习，优秀的教师也会通过教给幼儿重要的概念和帮助他们学习必要的技能来帮助幼儿学习。以下是幼儿正在学习的一些必要技能：

- 自我照料技能（如扣纽扣、拉拉链、打结等）。
- 使用胶水和剪刀。
- 使用餐具。
- 荡秋千。
- 骑三轮脚踏车。
- 洗手和刷牙。
- 轮流。
- 表达自己的意愿和需求。
- 理解别人的意愿和需求。
- 协商冲突。

- 解决问题。

没有父母或者教师的系统指导，幼儿就学不会这些技能。我们必须为幼儿提供事实信息和工具，以及教给他们如何使用这些事实信息和工具去发现周围世界的更多奥秘。这与不论条件是否成熟都对全班幼儿进行写诗、握笔或者拉拉链等方面的直接指导，有很大差别。

在幼儿园的一日生活中，幼儿给教师提供了许多机会，供他们施教、表达意义以及纠正幼儿对真实世界里的事物的不清楚或不正确的理解。教师们常常忽略自由活动时指导幼儿进行个别化学习的大好时机。

心理学家凯瑟琳·麦卡特尼（Kathleen McCartney，1984）向我们证实，幼儿确实需要教师帮助他们培养语言技能和思想。仅靠玩游戏时同伴之间的闲聊，幼儿不能够为彼此提供充分的刺激来支持智能的进一步发展。麦卡特尼的研究随机选择了来自七个（不同教育水平的）幼儿教育中心的幼儿，对他们的言语活动进行观察和记录，后期又对这些幼儿进行了多项语言和认知水平的评估。研究结果表明，幼儿所处教育环境的水平与师幼言语互动的数量显著地预示了幼儿在认知和语言评估方面的得分水平。该研究对言语互动的数量和种类都进行了评价，得分高的幼儿其教师在与他们交谈时较少处于控制地位，而更多地是为幼儿提供信息。

过去二十年里，教育界谈论最热的话题之一便是"三千万词汇鸿沟"。近期的一篇文章（Sparks，2015：1）是这样评

论提出该名词的这项研究的:

"三千万词汇鸿沟"的说法来自名为"幼儿日常体验的重要差异"的一项研究,这个词语广为人知,却不是研究成果的重点所在。这项具有里程碑意义的研究是已故的堪萨斯大学儿童心理学家贝蒂·哈特和托德·R.里斯利合作进行的。今年是他们的著作出版二十周年,在此期间,新的研究和更为先进的测试方法相继出现,使人们对于成人与婴幼儿的互动对婴幼儿语言发展的作用有了更加深入和细致的认识。但对于很多人而言,这个说法代表了一种追随风潮之举。

简而言之,所谓的"鸿沟"指的是同龄的中上等收入家庭的子女和贫困家庭的子女在幼年累计习得的词汇量(及词汇种类)的差距。并不意外,富裕家庭有更多机会进行词语的教育和学习。通常收入拮据的家庭会用很多指令性词语——"停下"、"不准"、"马上"或者"我说的是真格的"。作为一个在富裕家庭和贫困家境中都生活过的人,我清楚地了解(心理学家布朗芬布伦纳所提出的"情境"概念在这里很重要),问题并不是某个儿童在几岁掌握多少词汇那么简单!

大家也都知道,儿童之间的对话,与教师对儿童的讲话及师生平等对话一样,对儿童具有重要意义。维果茨基曾提醒道,与各个年龄段的人进行社会交往对于儿童的发展极为重要。维果茨基将儿童"表述意义"的语言运用命名为私人言语,这类活动在4—6岁时达到高峰,此后逐渐演化为轻声地自语,并最终内化为内部言语或思维(Anthony,2017)。当我读到"轻声地自语"时,我意识到并不是所有成人都已完全摆脱了这种行为。我敢肯定在这方面我不是独一无二的——有时我会对同事说:"哦……没什么!我自言自语呢。"你也不妨想想自己的情况。这通常发生在我们酝酿计划、设想或者方法没有完全敲定时。对于儿童而言,这是一个延续相当长一段时间的发展阶段;而对于我们成人,这有助于重新操起一种曾经熟悉的诀窍。

我们大多数人在语言发展过程以及教师在早期教育中如何培养儿童的语言能力方面并没有丰富的背景知识。这里我再次向读者们推荐全美幼儿教育协会出版的多种刊物。这些刊物提供了一般读者所需的基本信息和要点提示。正如前一章中详细讨论过的,导致我们对幼教工作准备不足的原因可能是多方面的。其中一项原因在前面引述的一篇关于交谈质量的论文(Sparks,2015)中已经提及过。罗格斯大学全国早期教育研究院院长史蒂夫·巴尔奈特针对词汇量鸿沟现象研究及其对年龄下移教学的推动作用,指出:"这是科研成果转化为政策时所面临的挑战。一项研究成果获得了公众的喜爱,于是便有了依据这项研究而制定的政策。其实,一项研究成果应当放到更大的知识背景中去认识,全面看待语言同家庭及成长经历之间的关系。"(Sparks,2015:11)

教师们有时会对是否为幼儿提供信息感到犹豫,因为教学理念告诉他们,不要让教师的话语支配全天的活动。我们需要倾听和鼓励幼儿自发谈话,这是对的;同样,在幼儿玩积木和水的时候，当他们探讨各种玩法的可能性时，我们也确实必须为他们做语言示范，教给他们概念。教给幼儿事实信息可以帮助他们学习，教给幼儿思考和推理同样可以帮助他们学习。其方法和目的不同，但是都对培养幼儿的语言和智力发展非常必要。

事实信息对幼儿非常有帮助。拓展幼儿有关简单概念的词汇量（硬、软、湿、干、热、冷等）可以帮助幼儿进行准确的描述或者正确复述信息。通过学习事实信息，幼儿可以更加胜任描述、倾听、重复、回顾及遵循指令等任务。

发散思维（会产生多种选择和可能的思维方式）和心理推理所需要的更高水平的技能，要求幼儿具有较高的认知发展水平，也要求幼儿教师具有提出问题以及培养幼儿创造性解决问题能力的技巧。当幼儿在表演游戏中尝试某些想法甚至典型形象时，拓展和纠正这一过程中出现的信息也是教师的重要职责之一。

> 教给幼儿事实信息可以帮助他们学习，教给幼儿思考和推理同样可以帮助他们学习。其方法和目的不同，但是都对培养幼儿的语言和智力发展非常必要。

那么，对此幼儿教师可以做什么呢？第一步就是回应幼儿在教室里提出的问题和所说的话，并且让幼儿在自由活动时间参与交谈。以下案例中的幼儿说的话是我去年在自由活动中听到的。所有这些表述都提供了学习的机遇，却被教师忽视了……而实际上这些机遇都极具价值！

- 狗不会游泳——只有鱼会！
- 女孩子是护士。

- 你不能把小的放在大的下面——这样不行。
- 只有女孩子才穿芭蕾舞鞋，男孩子不会跳舞。
- 如果把红色颜料和蓝色颜料混在一起，你就会得到黑色。
- 如果再大一些，天平这边就会下沉。

教师可以对所有这些表述进行认真地提问和澄清，或者由儿童来进行实验或验证。教师的职责是既要理解幼儿的意思，又要尊重每个幼儿的家庭和价值观念，这需要教师经过深思熟虑之后再做出回应。在说话之前，我们必须倾听和思考，之后必须表达我们的观点。如果幼儿在表演游戏中一直在争论，伊莎不能当医生，因为她是女孩，我们就必须听一听他们究竟说了些什么。特拉维斯是不是说，他爸爸说女孩子只能做护士，男孩子才能做医生？最好的办法应该是做出谨慎的回应。比如，一位细心的教师可能会提供不同的信息，他可能会这样说："特拉维斯，这很有意思。你知道吗，我姐姐上周生了个小宝宝，但是给她接生的是一个女医生。我想知道这是怎么一回事。"

如果教师能够插入一些可以帮助幼儿自己深入思考的话语，将会对幼儿非常有用。比如：

- 是什么让你那样想？
- 你可不可以试一下，看看会发生什么事情？
- 你还能想到其他办法来做这件事吗？
- 对这件事你知道些什么？

- 你尝试了什么?
- 为什么你会认为它是这样的?
- 有没有人曾经见过男舞蹈演员、女医生或者游泳的狗?
- 有时候这是正确的,但是我很想知道如果……会怎样?
- 有没有人曾经带着狗去海滩?发生了什么事?

纠正从幼儿那里听来的不正确的信息的另一种方法是进行试验。检验一下幼儿的说法,看看是对还是错。这是最基本的科学探究过程。比如,我曾经听到学龄前儿童说,你不能在室内种植蔬菜,因为植物生长需要泥土、水和阳光。何不做个实验来验证一下是否必须在室外播种植物才能生长呢?当幼儿意识到,穿过窗户照射进来的阳光和室外的阳光一样可以让植物生长;如果你不给植物浇水,它真的会死掉;有时候即使你做了所有应该做的事情,植物仍然会死掉,这时候他们会非常感兴趣。幼儿可以学到的东西有很多,教师可以学到的东西也有很多。

让我们回到本书之前讲述的《绿鸡蛋和火腿》的案例。下面还是这个故事:

这位教师说:"等大家都坐好了,我就开始讲故事!"

孩子们继续在教室里晃来晃去。教师看到后更生气了。最后,配班教师说:"来吧,孩子们,我们必须双腿交叉坐在这儿。"

教师开始朗读《绿鸡蛋和火腿》。孩子们像平常一样,立刻开始了评价。

"其实没有绿鸡蛋。"

"有的,就像你的复活节篮子里的鸡蛋一样。"

"那不是真的鸡蛋。"

"就是。"(音量更高)

"不是!"(音量比对方更高)

这时,教师打断了他们的讨论,说:"不要出声。"孩子们不理她,教师的音量更高了。"不要出声!"她大声地说,"我们需要回到故事中去!"孩子们再次安静下来。但是,很显然,还有几个孩子仍然在思考绿鸡蛋以及它们是否真的存在的问题。

在故事的结尾处,这位教师问:"发生了什么事?"

孩子们齐声回答:"他喜欢绿鸡蛋和火腿。"

这位教师笑容满面地说:"所以,你们看,我们应该经常出于礼貌尝一尝原本不想尝的东西,因为我们得尝试一些东西。如果没有尝试过,我们就不能说不喜欢。"

在第二章中,我们讨论了当这位教师想要幼儿做出具体行为的时候却发出了模糊的指令。但是,这里也发生了其他一些事情。教师使用了"不要出声"、"双腿交叉"和"出于礼貌尝一尝"等话语来关注幼儿的行为,而不是根据活动呈现出来的学习和试验的机会让幼儿去操作。如果返回到"真正的鸡蛋和它们是否是绿色的"这个主题上来,会发生什么事情呢?观点的分歧是非常好的学习机会。而与澄清不同的观点相比,结束冲突似乎总是更受人们欢迎一些。这位教师本该怎么做呢?
- 幼儿可以磕开几个鸡蛋去观察鸡蛋是否是绿色的。
- 教师可以把其中一名幼儿提到的糖果鸡蛋带到学校里来。
- 幼儿可以把白鸡蛋涂成绿色。
- 教师可以让幼儿进行有关鸡蛋的深入讨论(绿色或者其他颜色),让他们用语言、观点和概念进行探索,互相学习。

她可以提出诸如此类的问题:
- 是什么让你这么肯定没有绿色的鸡蛋?
- 为什么珍妮知道有绿色的鸡蛋?
- 物体是怎样变色的以及为什么会变色?

知道以恰当的时机和方式来应对幼儿提出的问题,并合理调整自己的教学安排,这对幼儿教师来说是一个巨大的挑战。下面的故事向我们展示了一位教师设计的以"我们的家人"为主题的简单集体活动,引发了对伤害、愤怒和离婚的讨论,她运用策略扭转了局势。

格伦达读到一则温馨愉快但并不甜腻腻的家庭故事。随后,她与幼儿谈起了关于热爱自己的家人的话题。4岁的纳迪姆不想听,他大声喊道:"我不爱他们!"格伦达温柔地回应说:"有时候我们会对家人很生气,但是我们总是很爱他们。""我不爱!"纳迪姆更加大声地激动地喊道。"听起来好像今天早上你的确对家里的某个人很生气。"格伦达温柔地说。纳迪姆就像防洪闸门被打开了一般，一下子哭了起来，他说，他爸爸大吼大叫之后离开了，现在他妈妈就要和他爸爸离婚了。"我恨他们。"他说。这时女孩萨曼莎说："我爸爸走了，但是我不恨他。他在新公寓里给我们做意大利面吃。"听到萨曼莎这样说，格伦达就有点儿放心了。格伦达说："家人会让我们感受到许多东西。"她迅速拿起一本关于情感的书读给孩子们听。朗读结束之后，她为孩子们提供了多种选择，包括和她待在一起去绘画或者撰写关于家人和情感的故事。许多孩子开始行动了，但是还有很多孩子坐在位子上谈论当父母生气或者自己感到害怕和伤心时的感受。

格伦达的案例给人的启发之处在于，她能够认识到纳迪姆的紧要需求；她也巧妙地允许幼儿不必参与讨论，不必对讨论内容感兴趣；同时她能够把自己的教学计划暂时搁置，去完成对幼儿教师来说真正重要的工作，即帮助幼儿理解他们的世界及其所包含的所有令人愉快的和棘手的事情！

提 出 问 题

幼儿教师可以刺激幼儿思考和学习的最佳方式之一，是恰到好处地提出合理的问题。有时候，不提出问题而陈述观点会使一次原本可以为幼儿提供互相学习或者从自己的错误中吸取教训的讨论中途夭折。作为教师，我们需要拓展和训练自己提出问题的能力。

词典对"问题"这个词的定义是："需要做出回答的表示询问的表述；面临争议的话题；尚未解决的事情。"回顾在幼儿园里幼儿经常被问到的问题，我发现很少涉及争议和尚未解决的事情。我时常会听到下面的问题：

- 这是什么形状？
- 这是什么字母？
- 今天谁是排头？
- 轮到谁了？
- 你喜欢吃薄饼吗？
- 你最喜欢哪种颜色？
- 你听到我说的话了吗？

这有些悲哀，但是从某种程度上来讲，许多教师仍然认为，让幼儿给出"正确的"答案是教学的组成部分。的确有很多地方和学校要求教师以并不适宜于低龄幼儿的方式来进行教学和记录幼儿回答问题的情况。教师们受制于地区的要求、儿童的身心发展水平及年龄水平、家长的期待以及五花八门的对儿童各类能力的要求，而统一指定的教材又未必能达到这些要求。我所接触的很多幼教业内人士都倾诉了他们在日常教育工作中所面临的教育伦理抉择和挣扎。

近来，对心理弹性的研究是一个令人兴奋的新兴研究领域。研究者们开始注意儿童被迫面对逆境时所锻炼出的一些能力。没人想去推崇或提倡孩子们去过充满压力的童年生活，但鉴于有史以来多数儿童在成长之路上都要面临某些挫折,因此除了关注儿童在挫折中所受的负面影响,注意儿童在挫折中所锻炼的能力或许有助于我们更好地服务于儿童及其家庭。

我们习惯于向幼儿提出我们已经知晓答案的问题。幼儿会感受到我们并非在真心真意地发问,或者有时候他们真的非常困惑,就像有一名男孩,当老师问他穿的衬衫是什么颜色时,他回答说:"哇,老师,你还不认识颜色呀!"

提出问题的目的是获得我们不曾知晓的信息。请牢记这一项基本原则——永远不要向幼儿提问你已经知晓答案的问题。这既适用于帮助幼儿学习,也适用于指导他们的行为。一直以来哲学家都在提醒我们,与学习问题的答案本身相比,我们通过寻找问题的答案——即使找不到答案——所学到的知识要多得多。如果真是这样的话,我们当然愿意学习更好的技能来提出需要进行探索或者进行更多讨论的问题。

我曾遇到过一位老师,她擅长通过简单的问题展开为期数月的课程规划。以下是她的故事。

朱迪认为,幼儿无论年龄多小都可以接受美术的熏陶。她的教室里有不断更换的美术作品展示,既有幼儿画的,也有教师画的;既有静物画、人物肖像画和有趣的中世纪油画的复制品,也有充斥着小贩叫卖声和狗吠声的繁忙街景图。我对她可以用几个简单的问题清楚地介绍作品非常感兴趣。5月的一个早晨,在集体活动时间,她问:"人们为什么画画?"幼儿是这样回答的:

- 因为他们的妈妈不让他们在家里画。

- 因为他们喜欢颜色看上去的样子。
- 因为他们想记住一些东西,比如,和爸爸一起散步的场景。
- 因为他们的车被撞坏了,需要去掉划痕。
- 因为当辛迪在颜料中掺了很多水以后,他们喜欢颜料沿着画纸向下淌的样子。
- 因为他们的妈妈喜欢把他们的画挂在冰箱上。
- 因为奶奶说,这所房子应该涂点儿新颜色了。
- 因为老师说,轮到你了。

朱迪把所有这些理由都写在一块很大的海报板上。然后,针对每一个理由她都提出了问题:

- 为什么妈妈不让你画画?
- 你喜欢颜色的哪些方面?
- 这幅画怎样帮助你记忆?
- 他们涂汽车是用刷子吗?是怎么做的呢?
- 如果掺了很多水,颜料会有什么不同?
- 为什么妈妈喜欢把孩子的画挂在冰箱上?
- 为什么奶奶想让房子看起来不一样?
- 与你自己想画画相比,如果是老师说轮到你去画了,会有什么不同?

我对朱迪班上的 5 岁幼儿接下来进行的深入交谈非常感兴趣。

朱迪开展了一个主题活动，持续了很长时间。她向幼儿展示了许多不同的绘画作品，一天一幅，并记录了他们对每幅画的想法和感受。这些画有的很恐怖，有的很有趣，有的只是很精致，而有些真的很美。每天她都会问幼儿：为什么？为什么？为什么？以此来回应幼儿的评论。她让幼儿进行评判并且向同伴解释，为什么这幅画让他们感到伤心、恐怖或感兴趣。那天，我和孩子们一起去库瑞尔画廊进行实地考察。博物馆里的大人们都非常惊讶：这么小的一群孩子竟然会有这么高的欣赏水平，问了这么多有趣的问题，还进行了这么多复杂的评论。我不想把事情说得过于简单化，这个历时较长的主题活动包含了相当多的内容。但是，我仍然认为，从朱迪第一天在集体活动中提出"人们为什么画画"，而不是说"今天我们要讨论有关绘画的问题"时起，这个富有意义的主题活动就开始了。

教师怎样才能学会这些技能呢？最立竿见影的回答是，提出更多开放式问题（此类问题允许有多种答案）。开放式问题与培养幼儿的发散思维能力（产生许多选择和可能性，可能会带来不同寻常的解决办法）相关，而封闭式问题（这类问题只要求一个正确答案）与培养幼儿的聚合思维能力（把所有组成部分都放在一起，产生一种解决办法）相关。

教师通过提出封闭式问题培养幼儿的聚合思维能力，比如：

- 下一个轮到谁了？
- 这是水果还是蔬菜？

- 它有几条腿？
- 它是小的还是大的？
- 它生活在哪儿？

教师通过提出开放式问题培养幼儿的发散思维能力，比如：

- 你有什么看法？
- 如果……会怎么样？
- 你还可以做什么？
- 你怎样才能把它修好？
- 你怎样帮助她理解？

即使教师想要培养幼儿的探究能力，有时候也需要提出答案是简单的"是"还是"不是"的问题。比如，如果你想策划一次实地考察活动，那么了解谁去过消防站、洗车行或者冰激凌工厂以及谁没有去过或许非常重要。很显然，如果你想找一个和"猫"（cat）这个词押韵的词语，会有许多正确的答案，但是"球"（ball）这个词却没有。当然，还有大量的原因需要教师提问是非问题或者对错问题；但是我们也要确保幼儿有许多机会进行创造性思考、拓展想象力，并检验他们的直觉。开放式问题可以帮助教师做到这一点。我们也要鼓励幼儿多说话，这样可以拓展他们的词汇量，帮助他们用语言更好地进行自我表达。这正是前读写能力的内容。

以下是教师通过话语支持幼儿思维发展的一些指导性

原则：

- 语气一定要真诚，内容要真实可信。
- 设法提出可以培养发散思维的问题。
- 限制提出答案是"是"或者"不是"的问题。
- 提高你也不知道问题的答案的适应水平，和幼儿一同去寻找答案。
- 如果你已经知晓问题的答案，请不要再提问。
- 练习提出引发讨论的问题，如"萨米，你了解老鼠吗"而不是"这是一只老鼠吗"。
- 用"你们对这件事都知道些什么"来引发讨论。
- 即使和年龄很小的孩子在一起，也要欢迎他们大胆提出自己的想法。
- 如果幼儿提出了几乎不可能起作用的解决办法，要肯定其中的价值。
- 认可内容学习和批判性思维的重要性。
- 通过提出"你看到了什么"、"你是怎么知道的"、"它有名字吗"等问题鼓励幼儿成为事实的发现者。
- 通过提出"你为什么认为它融化了"、"你为什么认为发生了这样的事情"、"如果没有风会怎么样"等问题鼓励幼儿成为会进行批判思维的人。
- 认真且定期地观察幼儿，了解他们有哪些萌发的技能需要我们帮助他们掌握。
- 给幼儿留出思考的时间。

不要因为急于解决问题或者因为提供准确信息而打断幼儿的思路。当幼儿积极思考的时候，错误的解决方案也可以提供学习的机会。

上面提到的很多方法并不能具体地告诉老师或家长们，教学课程实验在多大程度上促进或妨碍了美国的早期教育。人们仍然更关心基本操作方法和步骤，而未能去深入思考什么样的关键性学习才能帮助下一代做好准备，以迎接未来的挑战。如果不能反思和提升美国的教师教育，很难想象如何改进我们对儿童的教育。当然，我们还是有可利用的资源的。

正如前几章所指出的，儿童及其家庭如果想要融入社区，有效地了解所生活的社区，成为其中活跃的分子，需要具备一些基本的技能和素质。这些技能和素质的衡量标准和培养方式要依据所在的国家、地区和社区的文化、地域、政治、经济及其他相关因素来确定，但是一些最基本的需求是不分身份和地域的。对这些需求也早已有研究和论述。将近半个世纪以前，布朗芬布伦纳（Bronfenbrenner，1979）就指出，多数需求都是与人类最基本的需求相关联的，例如，关爱、求知欲和群体归属感。搞清楚幼儿如何最为顺利地进行学习，这可以说是一个由来已久的科学研究领域了。

下面列出了儿童学习的一些常见的机遇：

- 游戏。
- 观察他人。
- 体验。
- 实验。

- 操作。
- 来自同伴的主意。
- 模仿同伴。
- 错误（对于各个年龄段的儿童而言这都是庞大的学习资源）。
- 成人（交谈、示范、系统性讲授）。
- 友好的关系。
- 倾听音乐/垃圾清理车的声音/取暖系统的声音/教师用嘴、手及全部肢体发出的声音。
- 接触高质量的儿童文学作品。
- 接触独特材质的物品及废旧物品，并有充分的自由支配时间对这些物品进行探索和创造。
- 能够理解以上所有机会对于儿童学习的重要性的教师。

上面最后一项是敦促大家来认真对待教师在拓展儿童的学习中所扮演的角色。从表面上看，做到这一点似乎轻而易举，多数教师会说："当然了，没问题！"然而我所做的教学观察和实事求是的扪心自问都告诉我，教师并不能做到像理想中那么好。

美国儿童与家庭问题领域的顶级专家之一、职业与家庭研究院的院长和创始人之一、河滨街教育学院资深教授艾伦·加林斯基在《成长中的思维》(*Mind in the Making*, Galinsky, 2010)一书中列出了七条重要技能，这七条技能是儿童在当今世界中生存和发展所需要的。传统教育专注于提高阅读和计算能力，受这种教育方式影响的人恐怕一时难以接受使用书中所列的这些技能来帮助下一代准备未来的生活。但如果我们回顾一下杜威的著作（Dewey，1899），便会发现这些信息似曾相识，那便是顺应时代与文化发展的步伐而做出相应的变革。不妨以加林斯基所阐述的关键技能作为本章的结尾：

- 专注与自制力。
- 观点采择。
- 沟通交流。
- 建立联系。
- 批判性思维。
- 接受挑战。
- 自主性学习。

需要讨论的问题

1. 你希望你照看的幼儿学会哪些技能和概念？请挑选出一到两项重要的技能或者概念。你会怎样运用语言去帮助幼儿学习这些技能或者概念？
2. 你认为哪些因素会成为有效技能培养的障碍？怎样才能改变这些因素？
3. 你认为"学习倾向"与实际的技能发展有哪些区别？为什么二者都非常重要？怎样做才能培养幼儿

的学习倾向和实际技能？

4. 如果家长们对于你似乎不怎么进行直接教学表示忧虑，你怎么回应？

5. 如果有家长对于二年级学生是否有必要进行批判性思维训练提出质疑，你会对他说什么？

第五章

交谈、讨论和讲故事

研究表明,与那些没有接触过太多有质量的对话的同伴相比,在交谈活动丰富的环境中长大的幼儿会成为更加优秀的演讲者、阅读者、作家和思想家。研究还证实,长期以来,幼儿教育的课堂被教师的话语主导,大多数教师是发出指令而不是引发幼儿提问或者进行复杂的讨论。众所周知,语言对其他学科的学习至关重要,但是我们经常不给幼儿提问、反对、推测的机会,或者不让幼儿玩一些可以培养沟通能力和扩展词汇量的语言游戏。

创建交谈活动丰富的环境

交谈活动丰富的环境指的是既有"随便说一说"的活动,也有富于意义的交谈。我非常提倡"随便说一说"的活动方式,所以希望读者不要混淆。在第四章中,我们谈到过单纯的以娱乐放松为目的的活动和培养某种实用技能的活动这两者之间的区别。开展娱乐活动的目的是向儿童示范放松、梦想以及随意驰骋思想的重要性。这类活动不同于实用性明确的学习活动，比如，儿童观察和等待小鸡孵化，在这个过程中，他们需要观察孵化器中鸡蛋的状况，进行记录，并将记录做成图表。此外，他们还需要负责照看和喂养刚出壳的小鸡。对于一个完善的幼儿园课程或小学低年级课程而言，两种活动都是不可或缺的。

富于意义的交谈和"随便说一说"在交谈活动丰富的环境中所起的作用，与以上两类活动在概念培养方面所起的作用类似。这两种交谈行为对于儿童的语言发展都很重要，并且在交谈活动丰富的环境中都很常见。

交谈活动丰富的环境要能够提供一系列可以促进语言蓬勃发展的因素，以下三点最为重要：

- 一个可以进行群体交谈的较大的集中区域。
- 一个可以进行亲密交谈的舒适区域。
- 一个可以独处的舒适空间。

群体交谈

群体交谈是语言学习环境中的重要组成部分。集体演唱和舞蹈也属于这种交谈形式。比如，在去当地养蜂场实地考察之前，蜂农向孩子们讲解她的工作内容。再如，教师与儿童集体分享故事或诗歌，或者向全体儿童宣布离园时间的新规定或注意事项，都属于群体交谈的形式。交谈或讲话场地的理想安排是置于教室中与兴趣区相对的另一端，这样可以顾及那些对讲故事、唱歌等自选性群体活动不感兴趣的儿童。

亲密交谈

人数较少的亲密交谈需要设置小沙发、舒适的椅子或软垫，便于儿童分享图书或进行亲密的交流。亲密交谈要避开积木搭建、化妆扮演和数学等区域。有些图书、故事或诗歌并不适合全体儿童或大组儿童的需要，教师便可以在这个区域中针对一名儿童或者面向几名儿童来分享。很多儿童甚至在整个小学阶段都不能做到自如地在大庭广众面前发表较长的演讲或者令人感兴趣的讲话。然而，如果有充足的空间和材料，儿童可以基于共同的志趣培养友谊、促进学习，比如，一起研究昆虫——甚至研究蚊子这种班里其他儿童都不感兴趣的东西！读到此处，心里已经在想着教室里容不下这么多兴趣区域的读者，可以看一下关于环境创设的著作，这些著作提供了一系列利用教室空间的创意举措。我曾参观过一间教室，教师将衣帽间的门移除，在安装壁灯的地方悬挂了一个灯笼，围绕整个空间放了一圈舒适的软垫，还有两筐很棒的图书。墙上挂着一幅加框的关于儿童阅读的艺术海报。真是富有吸引力的设计，而且一点也不占用原来教室的空间。在交谈活动丰富的环境中，图书主题和阅读水平均多样的书筐是各个区域的必备。

独处的空间

看到标题读者可能马上就想问:"独处与培养语言表达能力、与交谈活动丰富的环境有什么关系?"这是一个好问题,只要静下心来稍加反思,我们便很容易回答这个问题。我们在会场后台等待上场发言的间隙、在杂货店购物时,甚至在乘电梯的一小段时间里,往往会听一听音乐。我们在饭馆里吃快餐时往往会面对六块或八块播放不同节目的大屏幕,其中会有新闻频道、体育频道及购物频道等。语言能力的发展,像其他很多领域的发展一样,是综合的、复杂的,有多种因素共同发挥作用。要想使儿童在语言学习方面打下坚实的基础,许多因素是必不可少的。下面列出了其中几项:

- 了解语言发展的教师。
- 促进持续交谈(包括正式和非正式)的机会。
- 对外向型和内向型学生均有效的学习方式。
- 既有多种高品质的儿童图书,也有儿童能轻松应对的普通读物(例如,在杂货店中便可以顺手买到的"小金色童书"系列),以及杂志、报纸上的购物宣传册等。
- 示范良好的交谈技巧。
- 教师对儿童的思维和语言持续建立联系。
- 教师持续地示范在阅读、讲话和真实的生活之间建立联系(例如,"我们去箱子里找一下说明书,说明书会告诉我们怎么安装这个水台!")。

- 教师通过话语向儿童示范思考、讲话和行动是集体活动、合作活动及个人活动时都会涉及的行为，比如，教师可以说："这件事我必须想一想。"

近来关于媒体对大众的影响的研究表明，可供人们避开媒体与噪音的持续干扰的地方越来越少了。除了以上提及的重要因素，儿童还需要安静独处的时间，以便让他们的大脑有机会消化所吸收的信息，并构建语言发展所需的联系。有些儿童需要的独处时间更多一些。成年人可以自主地创造一些独处的机会，比如，在林中或海边散步、推掉一些社交邀请，或者明确表达需要一段独处的时间，以便进行思考。而儿童无法获得这种选择的自由。要想培养儿童的交谈能力和语言表达能力，教师就要为儿童创造独处的机会，让他们了解独处的意义。

不过，即使教师了解了上述因素对于儿童语言技能培养和语言发展的重要性，也可能发现学校并不十分重视为有质量的交谈提供合适的场地和完整的时间段，或者场地和时间都被其他活动挤占。这样的困境在前几章中也讨论过。面对来自各方面的要求，我们往往会以"教育体系的现状"为托辞，不去努力寻求创造性的解决方案。在上文提到的例子中，教师利用衣帽间创造了独处的空间，这便是一个创造性的解决方案。

创设良好的交谈环境，还要求教师在同幼儿交谈和讨论时谨慎地选择话语。请想一想你曾经听到老师说"请注意听讲"或者"请安静"的次数,并与你听到老师说"你认为呢"或者"对这个问题你还知道什么,全部告诉我吧"的次数相比较。作为教师,我们没有尽自己最大的努力,鼓励幼儿进行富有意义的交谈。与此同时,雪上加霜的状况是,当前美国人的生活节奏不断加快,幼儿父母为了平衡工作和家庭生活要承担很大的压力,因此在家中与幼儿进行的有意义的交谈也在逐渐减少。美国儿童在家庭和社区中所度过的有交流意义的时间,要少于其他国家的同龄人(Span,2010)。美国常识传媒近期发布了一则公益广告,号召家长将一日三餐时间变成不用电子设备的时间。广告中,一个聪明伶俐的幼儿园小朋友正试图给父母讲一讲他在幼儿园里一天的经历,而他的父母则心不在焉,只知道盯着各自的手机。家长和教师都要牢记,使用电子设备和信息技术分散了我们大量的注意力,而子女和学生也需要我们的关注,这样才能与他们进行有效的交谈、讲述故事和大量的阅读。交谈、集中注意力,以及我们通过肢体语言和表情流露出的乐于交谈的兴趣和愉悦感,都有助于儿童学会运用语言、热爱语言、了解语言丰富的功用。

在有意义的语境中运用话语

对于 0—5 岁幼儿所认识和理解的词汇数量方面的差异,人们给予了充分的关注(Putnam,2015)。然而,对于词语的语境和运用问题,在交谈中却经常被忽略。许多研究指出了问题，却未能提供改善措施或解决方案。家长和教师承担着学生成绩下滑和语言发展滞后带来的指责。其实有些举措可以减轻家长和教师的压力，以下是一些经验丰富的一线教师给出的得力措施：

- 同家长们开一个晚间或周末的见面会，选定一个能引发强烈兴趣的话题，例如，"看电子屏幕多长时间才是适宜的？""餐馆里的宽屏电视对2岁宝宝有什么影响？"或者这样讲（我本人最喜欢的说法）："如果您的孩子从不大喊大叫，总是心甘情愿地上床睡觉，遵守家长的安全提示，在公共场合从不让你难堪，那么您就不必来参加讨论会了，您会觉得没什么意思的。"在会上讨论一下如何帮助家长教育子女。

- 与同事换班上课，这样家长与孩子们就不会觉得总是听到一个人的声音。

- 备好一个文件盒，里面装有家长们可以自行取阅的文章。的确，现在大多数人都会到谷歌网站搜索所需的信息，但是如果你培养起了与同事、家长之间的信任关系，而同事和家长正在被学校和家里的行为问题或沟通问题所困扰，那么他们将感谢有人能代劳做好搜集整理的工作。

- 在近期的一次研讨会上，一位与会者引证了当前参与儿童养育的祖父母的数量。有一位教学多年的老师说，她本来已经放弃了提供纸质材料的习惯，因为所有老师和家长都用手机来查阅信息。她准备的文件盒主要供祖父母们使用，不过她惊讶地发现，大量年轻的父母也开始在文件盒中搜寻关于亲子阅读、与儿童沟通的语言问题以及如何避免孩子在超市里大喊大叫等方面的文章！

幼教工作者都想尽力教育好自己所照看的儿童。职业协会、地区教育主管部门及各州健康与社会服务部需要尽力为一线幼教工作者提供便捷的基本信息服务，使幼教工作者及时了解关于有效沟通和语言发展的信息。或许有人会问，如何以较少的经费得到这方面信息的支持？下面是一些建议：

- 对于受过正规教育的早期教育专业人员来说，提供关于儿童发展及语言发展的基本信息并非难事。请一位合格的专家整理出这些信息，然后可以将这些信息添加到州教育指南中，或州教育主管部门或托幼机构运营管理部门的信息一览中。
- 将该类信息作为教育部或者健康与社会服务部网上信息指南中的一部分。
- 为新入职的教工提供本州教育主管部门或儿童语言教育协会相关人员的联系方式。
- 如果您所在的州提供教师个人指南，那么可以在个人指南文件包中加入全美幼儿教育协会、红叶出版社、教师学院出版社（Teachers College Press）以及格里芬学院出版社（Gryphon House Press）的书目，以便教师根据自身需要选择相应年级水平和信息。

- 向全体教工申明订阅至少一份合适的专业杂志并坚持每期阅读的重要性,这是幼儿园管理职责中重要的一项。

我们往往忙于弥合不同幼儿群体之间的学业差距,却忘记了个体化的教育需求。由于各州和全国的财政预算持续吃紧,我们需要实事求是一些,毕竟教师培训需要耗费一定的财力和时间。普通大众对于幼教工作者的工作强度缺乏明确的了解,也不清楚为什么所有人——无论是否有子女、是否结婚、属于什么党派团体,都要关注教育问题。我曾经读到过针对这类问题的有力回复,有人问:"我又没有孩子,为什么要为多建学校、改善学校设施多交税?"回答是:"您邻居家的那个2岁小孩,将来或许就是给您做心脏手术的医生!"

面对能力水平不一、发展水平不一的儿童,以及刚到美国、对英语一无所知(如果是学前儿童,可能连母语都还没有掌握好)的移民儿童和难民儿童,期待幼儿园和小学教师广泛实施统一的教学大纲是不切实际的。

单纯为了提高儿童的识字量,脱离有意义的语境而孤立进行的单词教学,将无法促进儿童的学习。每个与众不同的儿童在语言发展上都有其不同的需求,教师和家长要了解这些需求并清楚如何满足这些需求。我一直在密切观察并致力于帮助教师应对这一挑战,尽管还未取得成功。当幼儿正在适应因家庭迁移和生活方式改变而带来的巨大变化时,我们不应期待每名幼儿在英语语言发展方面都取得成功。不再让教师承担这种教育压力，或许是一种有益的认识和举措。

尽管存在种种不利因素，以上关于创设交谈活动丰富的环境的建议仍将对我们的教育工作有所裨益。如果你所教的儿童中有共同的语言背景，那么效果会更加明显。如果你班上的孩子们可以用自己的（刚学到不久的）语言来阅读有趣的图画书，这表明他们的语言发展正得到促进。让儿童感觉身心舒适看似无关紧要，实则不然。一家幼儿园在进门的大厅里展示了精心镶嵌的照片，并且配有这样一句话——"欢迎您！我们正在努力建设温馨的班级社区"，以此来欢迎来自世界各地的家庭。

丰富的语言环境应当包括教师和幼儿之间的对话，这一点似乎显而易见，然而出于多种原因，大多数教师更擅长对幼儿讲话，而不擅长与幼儿交谈。幼儿对此会有多种反应：一种反应是对教师的话充耳不闻，另一种反应则是渐渐失去与生俱来的对生活的好奇和热情。当幼儿感到兴奋或有新的发现，并且在言语中表现出分享的愿望时，如果教师对此的反应只是一声心不在焉的"嗯"或者"我们谈论的不是这个，泰勒"一类的话语，久而久之，幼儿难免会变得沉默寡言。幼儿会认为教师并不是真的对他们感兴趣，于是他们会机械地重复一些沉闷的答复来敷衍教师。

尽管随着新科技的推广，成人之间的交流方式在近年来发生了巨大的变化，但儿童在交流方面的需求基本没有改变。我认为很多关键的原则依然不可忽视，其中有如下几条：

- 倾听儿童讲话。

- 花时间思考一下儿童真正想说的是什么。
- 思考儿童的头脑中在想什么。
- 考虑一下在群体交谈中,教师是否以适宜儿童发展的形式来处理教学内容之间的联系(例如,从蓝色的房子到蓝色的汽车,再到跑得快的汽车)。

吉姆·格林曼(Jim Greenman,1993:33)在他的经典论文《让环境激发幼儿的好奇心》(*Just Wondering: Building Wonder into the Environment*)中对此有精辟的论述。他向我们讲述了他亲眼所见的一则逸事。

一位母亲在与4岁儿子一起参观动物园的途中,主动对儿子进行了殷勤的指导:

"约翰尼,快看,火烈鸟!"妈妈喊道,"它们属于哪一类?"

"鸟。"约翰尼说。

"是什么颜色的?"

"粉色。"约翰尼说。

"一共有几只?"

"3只。"约翰尼说。

两只长颈鹿慢慢地进入了母子俩的视野。在尽心指导的妈妈开口之前,约翰尼就大声说:"长颈鹿,黄色,2只。"约翰尼接受了过度的指导。好奇源自幼儿的探索和发现,而不是我们"尽职尽责"的指导。

还要提醒大家注意，约翰尼的妈妈忽略了与幼儿交谈的一条基本指导原则：永远不要提问你已经知晓答案的问题。毫无疑问，约翰尼的妈妈知道她看到的是什么动物、它们是什么颜色的以及一共有几只，等等。

多数家长都没有上过早期教育的课程，不知道要避免对儿童提问已经知道答案的问题，而从事早期教育的教师接受过这种训练，但依然经常这么做！其实吉姆·格林曼等学者已经教给我们各种不同的提问方式。在这方面如果教师做法不当，错误的性质要比家长严重得多，因为家长们上过几堂产前辅导课之后，就得自己摸索着为人父母了。对于家长们来说，犯这样的错误并不稀奇，毕竟他们在养育孩子的过程中得到的指点很少。

但作为早期教育专业的教师，我们应该避免这类失误。我们应该相互提醒，了解教育中最易犯的错误，了解如何相互协助以及如何避免新教师犯类似的错误。21世纪已过去将近20年，我们在此重新审视这些问题时，需要考虑一些在本书发行第一版时基本没有涉及的社会学因素。正像学术研究经常滞后，无法满足真正需要最新成果的人一样，教师教育也同样显得步伐迟缓，常常跟不上时代的变化。

如果我们只关注为幼儿制订的学习计划而不能认真倾听他们讲话，不能顺应他们的话题，那么就会扼杀幼儿对学习的好奇心。这确实是一个挑战，因为我们知道，幼儿说话的时候

> 如果我们只关注为幼儿制订的学习计划而不能认真倾听他们讲话，不能顺应他们的话题，那么就会扼杀幼儿对学习的好奇心。

总是以自我为中心。比如，当教师提问关于丛林动物的问题时，一名幼儿所做的回答可能会激发另一名幼儿去讨论他叔叔的汽车。在跟 4 岁的幼儿谈话时，这种情形时有发生，甚至同 7 岁的儿童谈话时也可能如此！

下面的谈话是我在一所幼儿园的教室里听到的。

这位教师正在与幼儿讨论野生动物，她问幼儿是否知道一些野生动物的名字。

胡安立即回答："老虎。"

托德抢着说："我叔叔的汽车名叫老虎。它是黄色的，跑得非常非常快。我婶婶说，我叔叔爱这辆车胜过爱她！"

这位教师迅速地做出非常典型的反应，说："托德，我们今天讨论的是动物，不是汽车。"

有时教师必须完成一项课程内容，因此课堂进程必须推进下去，以便满足其他日程安排的要求。有时我们则可以顺着一个学生的思路走下去，将原先的课程内容暂时搁置。但是不管怎么处理，赞赏所有儿童对谈话的贡献，也是有必要的。即便是简短的几句赞赏，也表现出对儿童的尊重。

在丛林大讨论的后半部分，托德走神了。他坐立不安，四处张望，根本没有听讲。或许，他的心灵受到了伤害，同时他也很疑惑，不知道他的话为什么引发了这样无趣的回应。我想知道，如果教师简单地说一句"托德，你认为他为什么会给汽车起名叫老虎呢"，事情又会怎样发展。如果老师这样说，那么对于托德随后积极参与分享活动以及集体讨论，我不会感到意外。或许，有人会大声说："老虎是黄色的。"或者"老虎身上有条纹——他的汽车有条纹吗？"我还可以想象得出，有人会说："或许是因为它们都跑得很快。"幼儿本应该交谈、提问，然后得出结论；教师本应该进行联系，并且赞扬幼儿所做的努力。托德也会觉得做了贡献，而不是觉得自己做了错事，而且他都不确定自己错在哪里。

在下面的案例中，一位教师带领幼儿去树林里收集秋天的树叶。当幼儿发现一棵倒在地上的大树上爬满了蚂蚁时，他们感到非常惊讶。下面是孩子们的一些评论：

"哇——肯定有一百万只！"

"它们是在这棵树上出生的吗？"

"不！哥们儿，它们都是在树倒了以后爬上去的！"

"你是怎么知道的？"

"他说得对吗，老师？"

可惜，这位教师并没有设法解决蚂蚁是怎么到树上去的或者幼儿的猜测源自何处的问题，她只是说："来吧，孩子们。我们到这里是来找树叶的！"我观察过太多这种回应方式，我本人做幼儿教师时也常常这样回应。甚至做过多年的教师指导，常告诉其他教师这种回应方式无法促进儿童思维的萌发，我也没有彻底避免发生这样的失误。教师都清楚自己在这种情形下的处境：园长要求家长会的会场要用树叶的泼彩装饰画进行装饰；周五就要交进度报告；我带孩子们出来要进行一场富有专业性的野外考察……有时我回过头来反思这类情形时会想，当时为什么不用橙色、黄色和红色颜料给孩子们的作品做衬边；为什么没有在展板上部钉几根带叶子的树枝，再用漂亮的字体写上"欢迎各位家长"。在多数情况下，只要工作做得专业、精彩，按时完成，园长一般不会注意到与最初的安排有什么差别。那么我们完全可以依据萌发课程的理念和教师的直觉，转而去研究一下蚂蚁！

教师是否应放弃精心设计的教学计划而转向由幼儿的评论和问题引发的问题？当然不是。教师仍然是教学活动的主导。我们拥有幼儿想要的和需要的大量知识和信息，但是为了响应幼儿随时产生的兴趣和交谈，我们可以重新调整当前的计划。在上面的例子中，教师面临一个开发课程的精彩机遇，幼儿可以进行有价值的科学调查，从中学习知识，邀请家人参与，可以锻炼写作、绘画和歌唱（"小蚂蚁，排队走……"），还可以开展这样的研究："我家中的蚂蚁和树林中的蚂蚁是类似的吗？""世界上有多少种蚂蚁？""有会飞的蚂蚁吗？"幼儿可以针对蚂蚁的数量和种类练习使用数据调查和图表。不能因为最初的目标是去找布置家长会展板用的树叶，我们就忽略了在数学、词汇、自然、绘画及音乐等方面可以带来如此内容丰富的科学课程。

如果在我指导实习教师时，有教师带着类似的难题来问我，那么我会说："哇……这是多棒的一次实施萌发课程的机遇。我觉得孩子们可能期待你改变寻找树叶的计划，不过

> 我们拥有幼儿想要的和需要的大量知识和信息，但是为了响应幼儿随时产生的兴趣和交谈，我们可以重新调整当前的计划。

你仍然得负责做好前厅的秋季主题欢迎展板。"有了课程的设计构想,也可以直截了当地提出来。如果教师向园长说明,她在带领孩子们去树林里收集树叶的过程中出现了一个萌发课程的重要机遇,孩子们对此十分感兴趣,她决定追随孩子们的兴趣来实施这个萌发课程,我相信园长会觉得"哇,很棒"并欣然接受教师所做的其他形式的精彩的家长会展板。

培养交谈技能

我们可以想办法在幼儿感兴趣、充满热情的情境中应对我们所关注的问题。我们经常让自己拘泥于与幼儿在一起的每日生活的常规节奏,不去花时间与他们进行有趣的交谈或者支持他们进行交谈。我们急匆匆地从一个计划奔向另一个计划,甚至无暇顾及我们正在做什么、为什么要做以及怎样做的问题。

前面几章讨论了说话的语气和肢体语言如何影响我们传递给幼儿的信息的问题,其影响在与幼儿的交谈中体现得最明显。如果我们仓促了事,幼儿是能够判断出来的。培养幼儿高水平的谈话技能需要花费时间。除时间之外,为了学习这些技能,幼儿还需要机会进行思考。他们需要花时间去提出问题和进行试验,然而,我们经常会敦促那些"无所事事"的幼儿找一些积极的事情来做。有自己的想法、做"白日梦"以及沉思,这些都是积极的活动。我们应该为幼儿提供机会,让他们有大量时间来独处、自言自语,或者只是凝望窗外，不说什么话。

在观察幼儿的时候，如果看到他们陷入沉思，我们就应该时不时地让他们独自待一会儿。这通常是一种平衡。我们要鼓励幼儿认真思考、解决问题以及进行交谈，但是不要打断和强迫他们或者让他们分心。《美国佬杂志》(*Yankee Magazine*，Allen，2017)介绍了获奖摄影师芭芭拉·皮考克的新作《家乡》(*Hometown*)，她拍摄的照片记录了三十年来她在所生活的小镇上即兴抓拍的一些瞬间。其中有一张名为《刨冰·1983年》的照片，皮考克在这张照片的旁边附上了这样的评论："我喜欢孩子们无忧无虑的面容。即使后面那个男孩看上去有些百无聊赖，但他也在仔细地观察着什么。如今这个年纪的小孩都沉迷于手机了。我一直认为在那个年代，人们有更多的时间来进行美好的想象。"

爱丽丝·霍尼格（Alice Honig，2002）认为，教师有必要使用恰当的语气和经过深思熟虑的话语，这样做既可以鼓励幼儿专注地解决问题，又不会让他们丧失积极性。她还认为，这样会给幼儿教育工作带来令人兴奋的挑战。我赞成这会是一个令人兴奋的挑战。根据我以往的了解，许多教师会错失这个挑战，因为担心采纳幼儿自发呈现的有趣话题会让教师放弃自己的教学计划。未来的生活不需要儿童去记忆大量的信息，因为计算机会帮助人们记忆。在未来的世界里，儿童必须能够成功地理解、处理、组织以及领悟信息。有意义的交谈、解决问题、探索以及提问会让儿童做好准备，应对未来生活赋予他们的信息处理任务。如上文提及的迈尔·艾伦的文章所讲的,自由遐想和反思也有类似的作用。

最近,我倾听到一次教师和一组幼儿进行的有趣的谈话。起初,教师提出问题,因为她不明白一名幼儿问的是什么。

但丁问他的老师辛迪:"你为什么在外面?"

辛迪问:"你说的是户外活动吗?"

"不是!你以前为什么在外面?"

但丁2岁的时候来到美国。他的妈妈至今仍然不太会讲英语。尽管他学得很快,但是仍然对许多英语表达方式感到困惑。大多数4岁幼儿都是这样,但是,有时候语言差异会让这些表达方式更令人困惑。过了一会儿,老师辛迪才注意到,但丁的问题也属于类似的情形。

"哦!你的意思是,我昨天为什么没在这儿,是吗?"辛迪问。

但丁微笑着点了点头。

"昨天我去帮我妈妈干活儿了。"

"他为什么会认为你是在外面?"塔妮娅问。

"因为我不在这儿,"辛迪说,"但丁知道我会在别的什么地方,但是他不知道我在哪儿,而且不太确定怎样提出这个问题。"

"但是如果昨天你不在这儿,你又怎么会是在外面呢?"塔妮娅接着问。

"或许是因为,当我不在教室、不在教学楼里时,有时候我会在外面的操场上。"辛迪解释说,"但丁,为什么你会问我是不是在外面?"

"不在这儿。"但丁说。

塔妮娅看了看但丁,然后又看了看辛迪,说:"我想你是对的!"

有意义的交谈对幼儿来说可能会带来困惑。坦率地讲,成人有时也会遭遇困惑。他们赋予话语的意义或者赋予当时的情形的意义经常与我们的理解差异巨大,我们需要花费大量的时间,经过仔细思考才能理解。辛迪能够弄明白一名幼儿想念她,想知道不在教室里的那一天她到底在哪儿。一个有点儿粗心的教师,或者没有专门学过早期教育的教师,或许会用一句"我不在外面"就把这个问题打发了。当我们与年龄很小的幼儿交谈时,话语的意义是一个关键的因素。我们有责任把儿童对某种情境的理解同这种情境中的现实联系起来,不过往往无暇顾及这类事情。但有时候,如果我们把这些关切的问题反映给上级,或许就能获得其他人的协助,比如,翻译人员或者讲某个儿童的本族语的人,或者同事中有曾教过该儿童的哥哥或姐姐。关键在于,我们需要主动把问题讲出来。

教师支持幼儿发展交谈能力的最佳方法,是使自己成为理解和表达意义的人。在本书的前半部分,我提出,幼儿在尝试使用语言时会陷入异想天开的困惑当中,幼儿教师则对这些困惑津津乐道。我们轻声发笑,并不断重复这些故事,有时候甚至会把这些故事记下来。但是，大多数时候，我们没有向幼儿澄清他们在思考过程中所犯的错误，也没有提供更多的信息帮助他们得出适宜的结论。我们非常有必要对幼儿做出清晰的解释，帮助他们理解周围的世界。在下面的故事中，教师没能及时领会幼儿头脑中的意思和想法，并向他解释和澄清大人们用来描述他刚出生的小弟弟的词语。

在我们的"开端计划"教学班中有一名男孩，他的妈妈就要分娩了。这名男孩说了许多与即将出生的婴儿有关的事情。他的老师已经朗读了许多相关的书籍，班上的幼儿也告诉他许多有关自己家的新生儿的故事。老师允许幼儿自由地谈论有关小宝宝的事情，比如，小宝宝总是臭烘烘的、很大声地喊叫；让狗被迫待在门厅里；小宝宝无论如何都不能和你一起玩，"因为他们会做的事儿就是睡觉和大声哭"，等等。我非常高兴看到这位有经验的教师如此处理这件事情。最终，这名男孩的妈妈生下了一个差不多4.5千克重的婴儿。婴儿的体重成为这个班晨间谈话的焦点。

"哇，我听说他长得非常大！"

"我觉得，我所认识的人中没有谁生下这么胖的宝宝！"

"巨型儿！"

在他的妈妈和刚出生的小弟弟出院回家的那一天，我很高兴能和这名刚刚升级为大哥哥的男孩共进午餐。我问他，家里发生了这么令人兴奋的事情，他感觉如何。"大家不停地说他很巨大。他得占满整个屋子——肯定的！"他说。很明显，关于4.5千克重的小婴儿看起来会是什么样子的问题，没有任何一个成年人能花点儿时间告诉他。从他的言谈中，我可以断定，受到他听到的交谈的影响，他期待小宝宝会是像胀鼓鼓的大份奶酪或者从梅西感恩节大游行买来的超大型冰激凌一类的东西。

关于这件事情，最令我感兴趣的是，所有教师都非常喜欢这个故事，他们都说这个故事非常"可爱"。有人建议把它投给《读者文摘》(Reader's Digest)，教师们笑了又笑。然而，我却从来没有听到有人说："哇，很吓人。你能想象得出他在想什么吗？我们没有一个人想过要向他解释一下，真是太糟糕了！"我认为这类事情发生的频率要高出我们的预估。尽管我是来自学区中心办公室的管理者，不是这名儿童日常生活中的老师，但忽视了儿童的焦虑，而且没有及时花时间和他讨论成人的谈话方式和儿童的谈话方式之间的差异，这让我感到十分尴尬。理想的情况是儿童的生活中有老师理解儿童所谓的"巨大"和成人所谓的"巨大"之间的差别。而且，教师在对此有所了解的基础上，应该采取行动，而不能只是对儿童的误解一笑了之。多数成年人并不了解成人和儿童在思维上的差异，因此，不管是以个人的名义还是以集体的名义，我们都要积极倡导，展开行动，向大众澄清某些误区。

即使儿童在幼儿期和学前阶段进行了大量的人际交往和

交谈，儿童从幼儿园过渡到小学依然会引发很多不适应。在小学阶段，除了学年初开个家长会，学年中间开几次进度报告会，似乎没有什么其他可以采取的措施。然而，与讨论如何收缴午餐费、什么时间安排儿童的课间休息相比，向家长们阐明我们所做的工作以及一些举措的理由更为重要。我对新教师提的建议是，遇到担忧的问题就向广受爱戴的、富有经验的教师请教。这是一种明智的、有力的办法，而不是能力弱的表现。

回归到关于幼儿发展的知识，切实思考一下幼儿的思维发展变化的方式，这是运用支持性方式与幼儿更好地交谈的第一步。回顾让·皮亚杰（Jean Piaget）的著作或许有助于我们认识幼儿的发展。或者，阅读皮亚杰的著作看起来任务太艰巨了，那么就去阅读弗雷德·格温（Fred Gwynne）的著作《下雨的国王》（The King Who Rained）和《驯鹿吃晚餐》（A Chocolate Moose for Dinner）。这两本书以非常愉快的方式提醒成年人，当我们说"走到岔路口"或者"你有盾形纹章吗"或者"在这个社区里，我们需要更多拼车的人"这类话语时，幼儿听起来会怎样。比尔·基恩（Bil Keane）的连环画《家庭马戏团》（Family Circus）是对成年人与幼儿的理解和交谈方式所做的另一种可以看得见的比较，其中我最喜欢的一集表现的是一对父子在雪中散步的场景。大雪深及儿子的肩头，却只没了父亲的膝盖。漫画的对白是怎样的呢？你大概能猜得到："这没什么！我像你这么大的时候，雪都深得可以直接没到肩膀。"作为成年人，我们的确觉得这种情形很幽默，但是作为幼儿教师，我们应该牢记，督促幼儿提问、探索、发现事实的真相是我们的职责；悉心引导他们用正确的信息去取代错误的信息，也是我们的职责所在。

以下的指导原则可以帮助你与幼儿交谈，而不是对着他们讲话：

- 牢记：我们不愿意谈话被打断，幼儿同样也不愿意。
- 可以通过以下方式集中幼儿的注意力：交谈的时候与幼儿保持同一身体高度、直呼其名以及轻轻地触摸幼儿的胳膊或者脸颊。
- 为幼儿做示范并且与幼儿进行愉快的交谈。
- 为儿童示范如何恰当地表达意见和分歧（争论）。
- 切实倾听幼儿的谈话。停下手中的工作，与幼儿进行目光交流，集中注意力，做出鼓励性的回应。

使用以下表达方式鼓励幼儿进行交谈：

- "太有趣了！"
- "接下来怎么样了？"
- "怎么会呢？"
- "还有没有其他人知道这个问题？"
- "其他人有没有遇到过这样的事情？"

在进餐时交谈。进餐礼仪确实非常重要，但是，我们得花费数年时间才能帮助幼儿学会那些与社会和文化相关的所有习俗。如果一名幼儿想要分享发生在周末的令人兴奋的故事，同时他又满口是饭，请牢记，与教给他进餐礼仪一样，鼓励幼儿进行交谈也是非常重要的目标。要鼓励交谈（请见上述表达方式）而不是说："阿德丽特，口中有饭的时候请不要说话。"

科技与交流

自本书第一版出版至今，我们所生活的世界和我们的生活及交往方式均发生了巨大的变化，因而新版中有必要专门讨论一下新科技带来的影响，特别是对人与人之间沟通交流所带来的影响。在本书中，我引述了该领域的最新成果，即新罕布什尔州普利茅斯州立大学帕特里夏·A. 坎托博士和玛丽·M. 康尼什博士于2017年合著的新作《善于运用新科技的婴幼儿教师：理解面向3岁以下儿童的屏幕媒体》（*Techwise Infant and Toddler Teachers: Making Sense of Screen Media for Children Under 3*）。在准备本书的修订版时，我简要地调查了一下有哪些资源可以帮助教师和家长了解屏幕媒体对儿童及其语言发展的影响，结果正如坎托和康尼什所证实的：这类资源十分匮乏。

我读过的多篇文章指出，青少年如果持续使用短消息或其他媒体进行交流，而不是与同伴面对面地进行交流，长此以往会导致交流技能的下降。多年前有多篇论文指出，面部表情、肢体语言以及讲话时的语调和语气对于交流都有重要的意义，而这些在目前使用推特和短消息的交流方式中都用不到。在最近的早期教育研讨会上，我经常听到与会者强调健康的人际关系是进行学习的基础。尽管人际关系对于语言和学习至关重要，但当前人们在交流方式上大量依赖推特和短消息，这两者之间应该如何协调？要对这个问题给出圆满的答案，超出了我的专业知识范围。此处我引用坎托和康尼什著作中的一位研究者——迈克尔·罗布——的一段话，引文如下：

  问题的焦点不应该集中于幼儿是否从某个应用软件中学会某项简单的知识，我们应当关注儿童发展研究长久以来带给我们的启示，应当关注幼儿在使用媒体时，是否与教育者之间产生了温暖的、充满丰富语言的互动——这种互动对于幼儿获得学业和生活成功所需的认知、社交、情感和语言技能的培养至关重要。这种互动交流才是学习得以取得进展的最佳途径。（p.65）

  坎托和康尼什强烈呼吁，在刚刚过去的二十多年，世界发生了巨大的变化，幼教工作者必须增强运用新科技的能力。这并不是说需要或提倡2岁幼儿使用平板电脑，而是针对家长们工作繁忙、压力巨大、不能保证出席家长会的情况（白天忙于工作，晚上已十分疲惫，还需要照看幼儿）提出的。两位研究者建议通过亲切的、实用的网上交流，实现经常性地与家长沟通。基于种种原因，如果我们想与家长建立持续有效的关系，抵制信息时代的到来并非明智之举。

对于在21世纪如何促进教师与儿童及其家人的交流，我们还需要学习很多东西。不过，我们始终要牢记一些有益的原则，例如，对变革保持开放的心态，强调人际交往的必要性，提醒沟通的双方和周围所有的人（特别是人生刚刚开始的儿童），沟通始于健康的人际关系。

正当我准备结束对本章内容的更新、将应对新技术挑战的课题留给坎托和康尼什等同行时，本书编辑打来了电话，她让我基于40年的早期教育经历，以及与家长交流及教师培训工作的经验，来做一个总结评述，她说会有一些长期积淀的智慧。两天之后，2017年6月8日，我收到一封来自《每日交流》的简讯邮件，并从中获得了灵感。下面我简述一下戴布·柯蒂斯在她的新作《真切地看懂儿童》（Really Seeing Children）一书中分享的一个故事。她讲道，一名儿童走到老师面前，问老师是否快乐。老师当然回答说："是的，我很快乐。"儿童接着用不太标准，但老师能够理解的话说："那你该把这（件事情）告诉你的脸。"40年从事幼教工作和教师培训的经验告诉我，大家都应该读一读柯蒂斯的这本书，并且把笑容常常挂在脸上！儿童需要我们的微笑，同事之间也需要微笑。与音乐一样，微笑也被称作一种共通的语言。仔细斟酌教育中使用的话语是一种良好的职业行为。谨记我们的成年人身份有助于我们在工作不顺心的时候，始终不忘儿童需要我们的微笑。那样我们就会提醒自己，即便在工作中遇到挫折，也要面带亲切的笑容。

需要讨论的问题

1. 在集体活动时间或者集中讨论的过程中,幼儿如果发表与其发展阶段相适宜却又很随意的评论或者中途插话,你将如何处理?
2. 请列举在进餐时间与幼儿进行有意义的交谈的几种方式。
3. 文化、阶级及其他差异如何妨碍幼儿之间以及师幼之间进行富有意义的交谈?
4. 对于刚刚来到美国的幼儿,他们一方面要了解原先的家乡和日常习俗,另一方面又要学习在美国生活需要的知识,你在教学中如何平衡这两个方面?
5. 如何利用新科技帮助家长做好家庭教育,同时又能防止科技对良好的人际关系造成冲击?

参 考 文 献

Allen, Mel. 2017. "Hometown | Westford, Massachusetts." *Yankee Magazine,* July 2017, p. 113.

Anthony, Michelle. 2017. "Language and Literacy Development in 3-5 Year Olds." Scholastic. http://www.scholastic.com/parents/resources/article/stages-milestones/language-and-literacy-development-3-5 -year-olds.

Braff, Danielle. 2017. "Your Smartphone May Be Ruining Your Relationships, Even When It's Off." *Chicago Tribune,* March 9, 2017. www.chicagotribune.com/lifestyles/sc-phone-relationship-family-0307-20170309-story.html.

Brice-Heath, Shirley, et al. 2015. "Invited Forum: Bridging the 'Language Gap.'" *Journal of Linguistic Anthropology* 25, no. 1: 66-86. https://doi.org/10.1111/jola. 12071.

Bronfenbrenner, Urie. 1979. *The Ecology of Human Development: Experiments by Nature and Design.* Cambridge, MA: Harvard University Press.

Bronfenbrenner, Urie, and Julius Richmond. 2004. "Two Worlds of Childhood: U.S. and U.S.S.R.," *American Psychological Association,* 26. In an abstract of Urie Bronfenbrenner's 1970 publication.

Buechner, Frederick. 2007. *Secrets in the Dark: A Life in Sermons.*

New York: HarperCollins.

Cantor, Patricia A., and Mary M. Cornish. 2017. *Techwise Infant and Toddler Teachers: Making Sense of Screen Media for Children under 3.* Charlotte, NC: Information Age Publishing.

Carnegie Foundation for the Advancement of Teaching. 1988. *An Imperiled Generation: Saving Urban Schools.* Princeton, NJ: Princeton University Press.

Carter, Margie, and Deb Curtis. 1994. *Training Teachers: A Harvest of Theory and Practice.* St. Paul, MN: Redleaf Press.

Cazden, Courtney B., ed. 1981. *Language in Early Childhood Education.* Rev. ed. Washington, DC: National Association for the Education of Young Children.

Christakis, Erika. 2016. *The Importance of Being Little: What Preschoolers Really Need from Grownups.* New York: Penguin.

Cohn, Jonathan. 2013. "The Hell of American Day Care." *New Republic,* April 14, 2013. https://newrepublic.com/article/112892/hell-american-day-care.

Curtis, Deb. 2017. "Really Seeing Children" in *ChildCareExchange,* June 8.

Dearden, R. F. 1984. *Theory and Practice in Education.* London: Routledge & Kegan Paul.

Delpit, Lisa. 1995. *Other People's Children: Cultural Conflict in the Classroom.* New York: New Press.

Dewey, John. 1897. "My Pedagogic Creed," *The School Journal* 54, no. 3: 77-80.

——. 1907. "The School and the Life of the Child," chapter 2 in *The School and Society:* 47-73. Chicago: University of Chicago Press.

ExchangeEveryDay. 2017. Early Childhood Email Newsletter.

Gajanan, Mahita. 2017. "Read Hasan Minhaj's Full Speech from the White House Correspondents' Dinner." May 1, 2017. http://time.

com/4761644/hasan-minhaj-white-house-correspondents-dinner-speech-transcript.

Galinksy, Ellen. 2010. *Mind in the Making: The Seven Essential Life Skills Every Child Needs.* New York: Harper.

Ginott, Haim. 1965. *Between Parent and Child: New Solutions to Old Problems.* New York: Avon.

Greenman, Jim. 1993. "Just Wondering: Building Wonder into the Environment," in *Places for Childhoods: Making Quality Happen in the Real World.* Redmond, WA: Child Care Information Exchange.

Gwynne, Fred. 1970. *The King Who Rained.* New York: Scholastic.

——. 1976. *A Chocolate Moose for Dinner.* New York: Scholastic.

Hart, Betty, and Todd R. Risley. 1995. *Meaningful Differences in the Everyday Experience of Young American Children.* Baltimore: Brookes.

Herzfeldt-Kamprath, Rachel, and Rebecca Ullrich. 2016. "Examining Teacher Effectiveness between Preschool and Third Grade." Center for American Progress, January 19, 2016. www.americanprogress.org/issues/early-childhood/reports/2016/01/19/128982/examining-teacher-effectiveness-between-preschool-and-third-grade.

Honig, Alice. 2002. *Secure Relationships: Nurturing Infant/Toddler Attachment in Early Care Settings.* Washington, DC: National Association for the Education of Young Children.

Hustad, Megan. 2017. "Up From Chaos." *Psychology Today,* April, pp. 73-79.

Jackson, Maggie. 2008. *Distracted: The Erosion of Attention and the Coming Dark Age.* Amherst, NY: Prometheus.

Katz, Lilian G. 1977. "What Is Basic for Young Children?" *Childhood Education* 54, no. 1:16-19. A handout from a Lilian Katz personal presentation held in Concord, NH, in 1979.

Katz, Lilian G., and Sylvia C. Chard. 1989. *Engaging Children's Minds: The Project Approach.* Norwood, NJ: Ablex.

Louv, Richard. 1992. *Childhood's Future.* Boston: Houghton Mifflin.

McCartney, Kathleen. 1984. "Effect of Quality of Day Care Environment on Children's Language Development." *Developmental Psychology* 20, no. 2: 224-60.

Mongeau, Lillian. 2013. "Head Start Requirement Boosts College Degrees for Early Childhood Educators." EdSource. January 22. https://edsource.org/2013/head-start-requirement-boosts-college-degrees-for-early- childhood-educators/25375.

Morgan, Gwen. 2001. Personal communication.

Moyer, Melinda Wenner. 2017. "What Science Says about How to Get Preschool Right." *Scientific American.* March, www.scientificamerican.com/article/what-science-says-about-how-to-get-preschool-right.

Nadworny, Elissa. 2016. "It Doesn't Pay to Be an Early-Childhood Teacher." nprEd, June 14. www.npr.org/sections/ed/2016/06/14/481920837/it-doesnt-pay-to-be-an-early-childhood-teacher.

New, Rebecca. 1999. Lecture: "Cultural Differences," September 1999. Presented to Strafford County Head Start. Farmington, NH.

Pew Research Center. 2015. "The American Family Today." PewResearchCenter.

Pope, Alexander. 1711. "An Essay on Criticism." *An Essay on Criticism,* 1st ed. https://books.google.com/books/about/An_Essay_on_Criticism. html?id=a0UmRwAACAAJ.

Putnam, Robert D. 2015. *Our Kids: The American Dream in Crisis.* New York: Simon & Schuster.

Sheikh, Knvul. 2017. "Digital Hypocrisy." *Scientific American,* March 1. www .scientificamerican.com/article/most-adults-spendmore-time-on-their-digital-devices-than-they-think.

Shonkoff, Jack P., and Deborah A. Phillips, eds. 2002. *From Neurons to Neighborhoods: The Science of Early Childhood Development.* Washington, DC: National Academy Press.

Smith, Mychal Denzel. 2014. "The School-to-Prison Pipeline Starts in Preschool." *The Nation.* March 28. www.thenation.com/article/school-prison-pipeline-starts-preschool.

Span, Paula. 2010. "Family Relations: An International Comparison." *The New Old Age* (blog). *New York Times.* July 30, 2010. https://newoldage.blogs.nytimes.com/2010/07/30/family-relations-a-worldwide-comparison.

Sparks, Sarah D. 2015. "Research on Quality of Conversation Holds Deeper Clues into Word Gap." *Education Week* 34, no. 28:1,11.

Steinem, Gloria. 2006. *Doing Sixty and Seventy.* New York: Open Road Integrated Media.

Stone, Jeannette. 2002. Personal communication.

Tanner, Laurel. 1997. *Dewey's Laboratory School: Lessons for Today,* 77-80. New York: Teachers College Press.

Thompson, Georgia S. 2016. "Why Are So Many Preschoolers Getting Suspended?" *Atlantic.* February.

Wardle, Francis. 1999. *Tomorrows Children: Meeting the Needs of Multiracial and Multiethnic Children at Home, in Early Childhood Programs, and at School.* Denver, CO: Center for the Study of Biracial Children.

Zavitkovsky, Docia, Katherine Read Baker, et al. 1986. *Listen to the Children.* Washington, DC: National Association for the Education of Young Children.